标枪 铁饼 铅球 飞镖

BIAOQIANG TIEBING QIANQIU FEI

主编 徐晓剑 王晓磊 张 楠 曾庆龙

吉林出版集团股份有限公司 全国百佳图书出版单位

图书在版编目(CIP)数据

标枪　铁饼　铅球　飞镖 / 徐晓剑等主编. —长春：吉林出版集团股份有限公司，2011.6（2024.1 重印）

ISBN 978-7-5463-5716-4

Ⅰ. ①标… Ⅱ. ①徐… Ⅲ. ①标枪投掷—青年读物②铁饼投掷—青年读物③铅球投掷—青年读物④文娱性体育活动—青年读物 Ⅳ. ①G824-49②G899-49

中国版本图书馆 CIP 数据核字(2011)第 117600 号

标枪 铁饼 铅球 飞镖

主编 徐晓剑　王晓磊　张楠　曾庆龙

责任编辑 赵萍

出版发行 吉林出版集团股份有限公司

印刷 三河市同力彩印有限公司

版次 2011 年 7 月第 1 版　2024 年 1 月第 8 次印刷

开本 787mm × 1092mm 1/16　**印张** 10　**字数** 100 千

地址 吉林省长春市福祉大路 5788 号　**邮编** 130000

电话 0431-81629968

电子邮箱 11915286@qq.com

书号 ISBN 978-7-5463-5716-4

定价 45.80 元

《体育运动》编委会

目录 CONTENTS

标枪 铁饼 铅球

目录 CONTENTS

飞镖

目录 CONTENTS

第一章 运动保护

“生命在于运动”，但是盲目、不科学的运动非但不能起到强身健体的作用，反而会给身体带来一定的伤害。只有掌握体育锻炼的一般性生理卫生知识，科学地进行体育锻炼，才能起到健身强体的作用。

第一节 生理卫生

青少年在进行体育运动时，除了应进行一般性的身体检查和必要的咨询外，还要注意培养运动兴趣和把握适当的运动强度。

一、培养运动兴趣

在进行体育运动前，必须培养自己对体育运动的兴趣。培养兴趣的方法有很多，如观看体育比赛，与同学、朋友进行体育比赛等。有了浓厚的兴趣，就能自觉地投入体育运动之中，从而达到理想的体育锻炼效果。

二、把握运动强度

因为青少年进行体育运动，主要是在享受体育运动的过程中增强体质，提高健康水平，而不仅是为了创造运动成绩，所以运动强度不宜过大。控制运动强度最简单的办法是测定运动时的脉搏。对青少年来说，运动时的脉搏控制在每分钟 140 次左右较为合适。

第二节 运动前准备

运动前进行充分的准备活动，对于青少年来说是非常重要的。一些青少年体育运动爱好者，常常不重视运动前的准备活动，导致各种运动损伤，影响运动效果，也容易失去对体育运动的兴趣，甚至产生对体育运动的畏惧心理。因此，青少年在进行体育运动前，必须做好充分的准备活动。

一、准备活动的作用

运动前做好充分的准备活动能够对肌肉、内脏器官有很大的保护作用，同时还可以提前调节运动时的心理状态。

(一)提高肌肉温度，预防运动损伤

运动前进行一定强度的准备活动，不仅可以使肌肉的代谢过程加强，温度增高，黏滞性下降，提高肌肉的收缩和舒张速度，增强肌力，同时还可以增加肌肉、韧带的弹性和伸展性，减少由于肌肉剧烈收缩而造成的运动损伤。

(二)提高内脏器官的功能水平

内脏器官的功能特点之一就是生理惰性较大，即当活动开始、肌肉发挥最大功能水平时，内脏器官并不能立刻进入

最佳活动状态。

（三）调节心理状态

青少年进行体育锻炼不仅是身体活动，而且也是心理活动。研究证明，心理活动在体育锻炼中起着非常重要的作用。体育锻炼前的准备活动，可以起到心理调节的作用，即接通各运动中枢间的神经联系，使大脑皮层处于最佳兴奋状态。

二、如何进行准备活动

一般来说，准备活动主要应考虑内容、时间和运动量等问题。

（一）内容

准备活动可分为一般准备活动和专项准备活动。一般准备活动主要是一些全身性的身体练习，如跑步、踢腿、弯腰等。一般准备活动的作用在于提高整体的代谢水平和大脑皮层的兴奋状态，减少运动损伤的发生。专项准备活动是指与所从事的体育锻炼内容相适应的动作练习。

下面介绍一套一般准备活动操，供青少年运动前使用。这套活动操主要包括头部运动、肩部运动、扩胸运动、体侧运动、体转运动、髋部运动和踢腿运动等。

1.头部运动

头部运动的动作方法(见图1-2-1)是：

两手叉腰，两脚左右开立，做头部向前、向后、向左、向右以及绕环运动。

2.肩部运动

肩部运动的动作方法(见图1-2-2)是：

手扶肩部，屈臂向前、向后绕环以及直臂绕环。

3.扩胸运动

扩胸运动的动作方法(见图1-2-3)是：

屈臂向后振动及直臂向后振动。

4.体侧运动

体侧运动的动作方法(见图1-2-4)是：

两脚左右开立，一手叉腰，另一臂上举并随上体向对侧振动。

5.体转运动

体转运动的动作方法(见图1-2-5)是：

两脚左右开立，两臂体前屈，身体向左、向右有节奏地扭转。

6.髋部运动

髋部运动的动作方法(见图1-2-6)是：

两脚左右开立，两手叉腰，髋关节放松，向左、向右各做360°旋转。

7.踢腿运动

踢腿运动的动作方法(见图1-2-7)是：

两臂上举后振，同时一腿向后半步，然后两臂下摆后振，同时向前上方踢腿。

图 1-2-1

图 1-2-2

图 1-2-3

图 1—2—4

图 1—2—5

图 1—2—6

图 1—2—7

(二)时间和运动量

准备活动的时间和运动量随体育锻炼的内容和量而定，由于以健身为目的的体育运动量较小，因此准备活动的量也相对较小，时间也不宜过长，否则，还未进行体育锻炼身体就疲劳了。半小时的体育锻炼，准备活动时间一般以 10 分钟左右为宜。

第三节 运动后放松

进行剧烈的体育运动后，有些青少年习惯坐在地上，或是直接躺下来休息，认为这样可以快速消除疲劳。其实不然，这样做的结果不仅不能尽快地恢复身体功能，反而会对身体产生不良影响，正确的做法应该是运动后做一些整理活动，放松身体。

一、运动后整理的必要性

运动后的整理活动不但可以避免头晕等症状，还可以有效地消除疲劳。

（一）避免头晕

人体在停止运动后，如果停下来不动，或是坐下来休息，静脉血管失去了骨骼肌的节律性收缩，血液会由于受重力作用滞留在下肢静脉血管中，导致回心血量减少，心血输出量下降，造成暂时性脑缺血，出现头晕、眼前发黑等一系列症状，严重者甚至会出现休克。为了避免这些症状的发生，整理活动是非常必要的。

（二）消除疲劳

除了避免头晕等症状的发生，运动后的整理活动还可以改善血液循环状态，达到快速消除疲劳的目的。

二、放松方法

在运动后放松时，应注意以下几个问题：

（1）做一些放松跑、放松走等形式的下肢运动，促进下肢静脉血的回流，防止体育锻炼后心血输出量的过度下降；

（2）在下肢活动后进行上肢整理活动，右臂活动后做左臂的整理活动，通过这种积极性休息，使身体功能得到尽快恢复；

(3)整理活动的量不要过大，否则整理活动又会引起新的疲劳；

(4)在进行整理活动时，应当保持心情舒畅、精神愉快的感觉。

第四节 恢复养护

人体在运动后，除采用休息和积极性体育手段加速身体功能的恢复外，还可以根据体育运动的特点，补充不同的营养物质，以尽快消除疲劳。

体育运动结束后，人体内会产生一种叫作乳酸的酸性物质，它的积累会造成肌体的疲劳，使恢复时间延长。所以，我们在体育运动后，应多补充一些碱性食物，如蔬菜、水果等，而动物性蛋白等肉类食品偏“酸”，在运动后的当天可适当减少摄入。

第二章 标枪、铁饼、铅球概述

标枪、铁饼、铅球属于投掷类运动项目，它们都是建立在运动员身体的韧性、弹性、柔软性的基础上，以自然顺畅的腿、腰动作，带动肩、臂、腕等，使手的移动加快，完成强有力的投掷的运动。

第一节 标枪运动

投掷标枪是一项古老的运动项目。原始的标枪构造简单，石头磨尖装在木杆的一端即为枪头。随着科学技术的发展，原始的投掷技术在不断革新的过程中逐渐发展、完善。

一、起源

标枪是古代劳动人民在与大自然的斗争中，为了生存和获取必需的生活资料而创造的一种原始投掷工具。

据史料记载，古希腊人很早就开始比赛掷标枪。公元前 708 年，在古希腊奥林匹克运动会上，就有掷标枪运动，当时使用的器械是木棍(见图 2－1－1)。

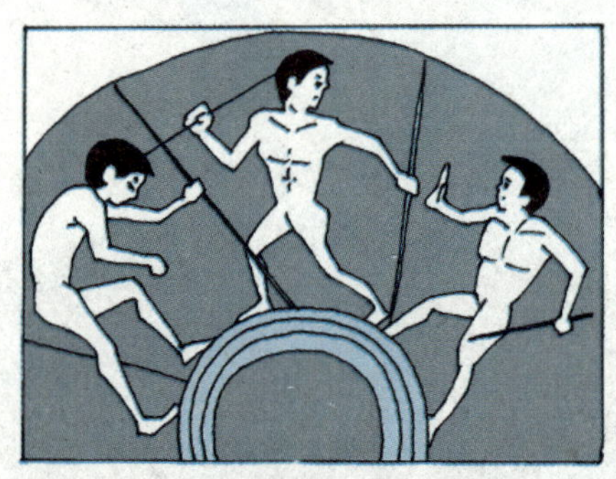

图 2－1－1

二、发展

根据投掷技术的演化，标枪运动的发展过程分为四个阶段：

第一阶段，运动员采用“自由式”方法，用一只手持枪，另一只手的手指抵住枪尾，在掷枪前将枪身后引，然后按一定角度将枪掷出。

第二阶段，掷标枪的技术特点是助跑后采用“弧线”引枪，并以交叉步代替过去的单足跳，加长用力距离。后来，运动员又将“后交叉步”改为“前交叉步”，最后用力时发挥髋和躯干的力量，将标枪掷出。

第三阶段，由于科学技术成果在体育领域的广泛应用，掷标枪的技术、训练理论和教学理论达到较高水平。器材和场地条件的改善也为提高运动成绩创造了有利条件。

第四阶段，掷标枪运动处于稳定发展阶段。人们对掷标枪的技术和训练理论很多方面有了新的认识，并已达成共识。

第二节 铁饼运动

铁饼运动是一项古老的运动项目，也是田径运动中技术性较强的一项运动，深受广大田径体育爱好者的喜爱。

一、起源

公元前 12 世纪～公元前 8 世纪，希腊人的投掷石片活动是

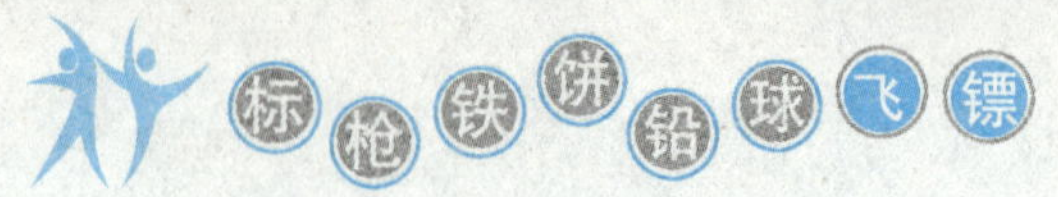

铁饼运动的萌芽。铁饼最初为盘形石块，后逐渐采用铜、铁等金属制作。

二、发展

随着实践经验的积累和器械、场地、规则等方面的改变，以及科学技术的不断发展，投掷的技术有了很大的改进，大致可分为以下几个阶段：

（一）从原地正向到背向旋转掷铁饼技术阶段

这一阶段技术发展的核心是不断增大铁饼出手前的运行距离。如侧向旋转掷铁饼技术（见图 2-2-1）与跳跃式旋转技术（见图 2-2-2）等。

图 2—2—1

图 2—2—2

(二)加快旋转速度及加强力量训练阶段

这一阶段主要采用“跨跳式旋转技术”(见图 2-2-3)。这项技术的发展主要是通过加快旋转速度提高铁饼出手初速度，达到提高成绩的目的。

图 2-2-3

(三)大幅度、低腾空、快速度的掷铁饼技术阶段

这一阶段，投掷技术在原有的基础上不断改进和完善，逐渐形成了现代掷铁饼技术(见图 2-2-4)。

图 2-2-4

(四)探索个人特点，进行科学训练阶段

这一阶段掷铁饼技术更注重简单实用和发挥运动员特点，坚持以提高出手速度为核心的训练方向，探索运动员的专项技术、专项投掷能力和各项身体素质之间均衡发展的训练模式。

第三节 铅球运动

铅球运动萌芽于人们用石块猎取禽兽或防御攻击的活动。现代推铅球始于 14 世纪 40 年代欧洲炮兵在闲暇时间推掷炮弹的游戏和比赛，之后，这种游戏和比赛逐渐演化成一种体育运动项目。

一、起源

14 世纪时的战争中出现了炮兵，当时发射的炮弹是圆球形的，重量为 16 磅。在炮兵的训练中，时常进行投石头的比赛，这个石头与炮弹的样子和重量差不多。后来人们为了统一规格，不用石头而改投金属做的圆球，重量还是 16 磅。由于当时的铸铁技术比较发达，制作的金属球的重量也比较准确。统一使用公制后，16 磅折合成为 7.257 千克，铅球的这个重量一直沿用了下来。直到近十几年，鉴于 7.257 有 3 位小数不方便，采取“四舍五入”的办法，铅球重量改为 7.26 千克。

二、发展

铅球运动的比赛场地最初是在一条直线后面，运动员采用原地或各种形式的助跑投掷。后来为了限制运动员的活动范围，比赛规定在一个方形场地内进行，而后又改为在直径 2.135 米的圆圈场地内进行，并规定铅球必须掷到直角扇形落地区域内才算成绩有效。

随着铅球运动技术的改进和运动员技术水平的提高，扇形有效落地区域的角度逐渐变小，由 90° 减小为 60°，后又减小到

45°，直到现在的40°。

铅球是现代奥运会的正式比赛项目。奥运会男子铅球运动始于1896年第1届现代奥运会，成绩是11.22米；女子铅球运动始于1948年第14届奥运会，铅球重量为4千克，成绩是13.75米。

目前，男子铅球运动的世界纪录是23.12米，由美国运动员巴恩斯创造；女子铅球运动世界纪录是由苏联运动员利索夫斯卡娅创造的，成绩为22.63米。

第三章 标枪、铁饼、铅球的场地、器材和装备

标枪、铁饼和铅球等投掷类运动，对场地、器材的要求比较高。场地、器材直接关系到练习者和周围人群的安全，所以练习之前要严格检查场地、器材是否符合安全标准，以免在运动中受伤或伤及他人。正规的投掷比赛对装备的要求也较为严格。

第一节 场地

标枪、铁饼和铅球同属于投掷类项目，但是它们的场地是完全不同的，下面分别介绍标枪、铁饼和铅球运动的场地规格和要求。

一、标枪场地

标枪场地主要由助跑道和落地区两部分组成(见图 3-1-1)，初学者一定要清楚标枪场地的规格，防止犯规。

(一)助跑道

(1)助跑道至少长 30 米，至多长 36.5 米，如果条件允许，应不短于 33.5 米；

(2)助跑道应用宽 5 厘米的两条平行白线标出，白线之间距离为 4 米；

(3)助跑道前端是一条半径为 8 米的弧线，运动员应在投掷弧后面试掷，投掷弧可以画出，也可用木料或金属制成，弧宽 7 厘米，白色，与地面平齐；

(4)投掷弧两端向外各有一条白色直线，线宽 7 厘米，长 75 厘米，与助跑道标志线垂直。

（二）落地区

（1）应以 5 厘米宽的白线标出扇形落地区界线；

（2）扇形落地区的夹角约为 29°。

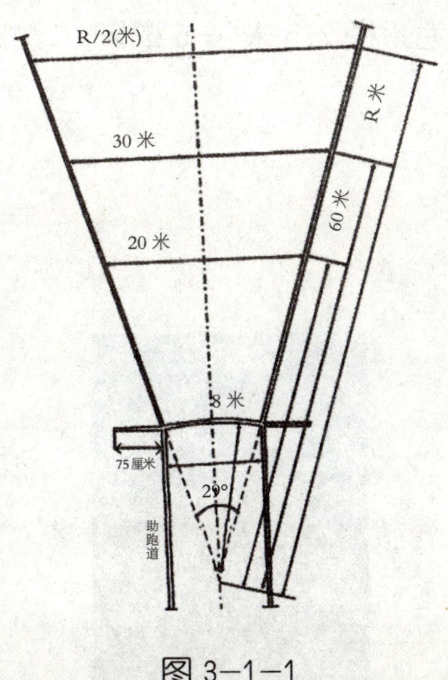

图 3-1-1

二、铁饼场地

铁饼场地的设施由投掷圈、限制线、护笼和落地区组成，在落地区两角度线外侧每隔 5 米放置距离标志牌。护笼设在投掷圈外，其开口位于投掷圈圆心前方 5 米处。

（一）投掷圈（见图 3-1-2）

（1）投掷圈由带形钢、铁或其他适宜材料制成，顶端与圈外地面齐平，圈内地面用混凝土、沥青或其他坚硬防滑材料修建，圈内地面应保持水平，低于铁圈上沿 14～26 毫米；

（2）投掷圈内沿直径 2.5 米（±5 毫米），边沿至少厚 6 毫米，应涂成白色。

图 3-1-2

(二)限制线

从投掷圈顶端两侧向外各有一条宽 5 厘米，长至少 75 厘米的白线，此线可以画出，也可用木料或其他适宜材料制成，白线后沿的延长线应通过投掷圈的圆心，与落地区中心线垂直。

(三)护笼(见图 3-1-3)

(1)护笼一般由钢管柱、梁和挡网组成，挡网用低碳钢丝或其他高抗张力钢丝、合成纤维绳索制成；

(2)钢丝网眼的最大尺寸为 5 厘米，绳索网眼的最大尺寸为 4 厘米，最小抗拉强度应为 40 千克，为保确保安全，至少应 12 个月检查挡网一次；

(3)掷铁饼护笼俯视呈“U”形，用 6 块宽 3.17 米、高 4 米的挡网构成；

(4)铁饼必须从挡网或护笼内掷出，以确保观众、工作人员和运动员的安全；

(5)护笼必须能够阻挡速度为 25 米 / 秒、重量为 2 千克的铁饼，保证铁饼既不能向运动员反弹，也不会从网顶飞出；

(6)护笼的设计与结构应防止铁饼从护笼连接处、挡网或网下方冲出。

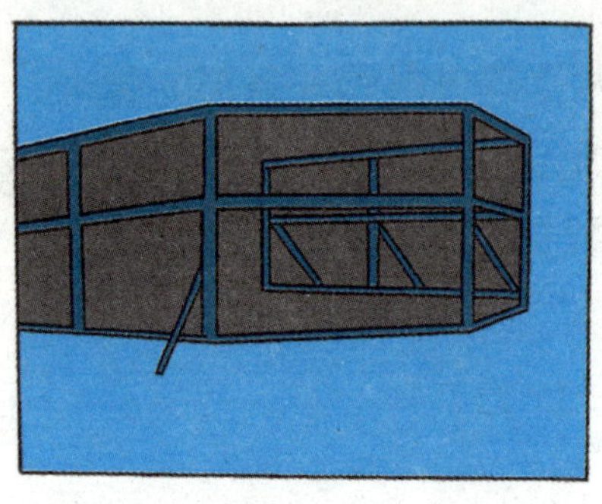

图 3—1—3

(四)落地区

(1)落地区在投掷方向上的向下倾斜度不得超过1：1000；

(2)落地区用宽 5 厘米的白线标出，其延长线通过投掷圈圆心，圆心角为 40°；

(3)应用煤渣、草地，以及其他适宜材料铺设落地区，以便铁饼落地时不留下痕迹；

(4)应用旗帜或其他标志物标出运动员的最好成绩，放置标志物时，应沿着线的方向放在角度线外侧。

三、铅球场地

投掷圈可用厚铁板或钢板制成，圈内地面可用混凝土制成，或用类似坚硬土质铺平。

投掷圈的直径为 213.5 厘米，厚 0.6 厘米，高 7.6 厘米，埋在地下，顶端与圈外地面齐平。

第二节 器材

各项投掷运动所需器材各不相同，其规格和构造也有不同的要求。

一、标枪

(一)规格

(1)女子组标枪长 220～230 厘米，重 0.6 千克；

(2)少年男子组标枪长 230～240 厘米，重 0.7 千克；

(3)青年和成年男子组标枪长 260～270 厘米，重 0.8 千克。

(二)构造

标枪由枪头、枪身和缠绳把手三部分组成，枪身由金属或其他适宜的类似材料制成，并装有尖形金属枪头。

(三)要求

(1)枪身表面不得有凹窝、凸起、沟槽或空洞，枪尾必须是平的；

(2)把手表面应规则、不光滑，但不得有任何绳头和结节；

(3)把手均匀地包绕标枪重心，直径不得超过枪身直径 8 毫米。

(四)标枪架(见图 3-2-1)

标枪场地应配备标枪架，用以保护标枪，避免不必要的折断、磨损和生锈。

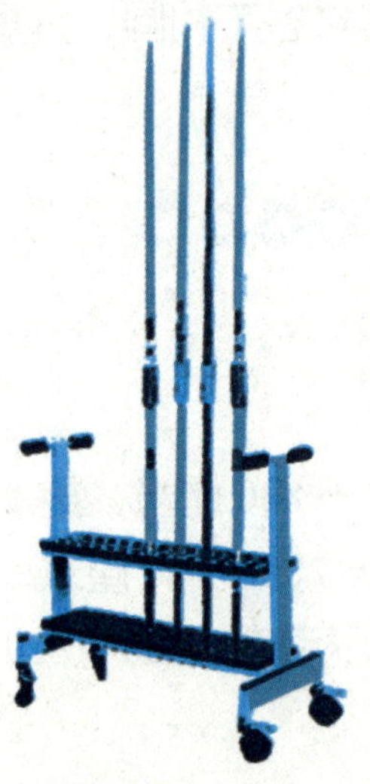

图 3-2-1

二、铁饼

(一)规格

(1)成年男子组铁饼重量为 2 千克，直径 22 厘米；

(2)少年男子甲组铁饼重量为 1.5 千克，直径 20 厘米；

(3)女子和少年男子乙组铁饼重量为 1 千克，直径 18.1 厘米。

(二)构造

(1)铁饼呈圆形饼状，饼心厚，向边缘渐薄；

(2)两面中央镶有与饼体齐平的金属圆片，半径为 25～28.5 厘米，饼边镶金属圈，外沿断面为圆形(见图 3-2-2)。

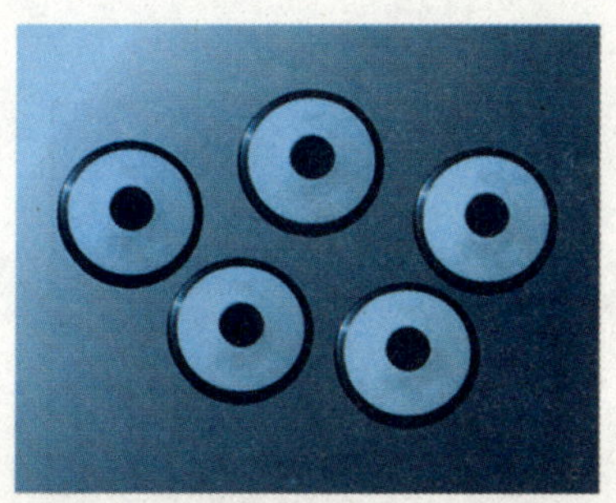

图 3-2-2

三、铅球

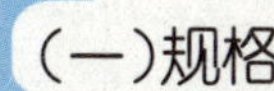

(一)规格

(1)成年男子组铅球重量为 7.26 千克，直径 11～13 厘米；

(2)成年女子、少年女子甲组铅球重量为 4 千克，直径 9.5～11 厘米；

(3)少年男子甲组铅球重量为 6 千克，直径 11～12 厘米；

(4)少年男子乙组铅球重量为 6 千克，直径 10～11 厘米；

(5)少年女子乙组铅球重量为 3 千克，直径 9～10 厘米。

(二)构造

铅球为圆球形，铁质或铜质，表面必须光滑，中心灌铅，球的重心必须在球的正中心(见图 3-2-3)。

图 3-2-3

第三节 装备

投掷运动属于爆发力强的运动，从事这类运动时，所穿服装

和鞋必须能够使力量在瞬间爆发。

一、服装

投掷运动对服装没有太高的要求，不束缚身体活动即可，但是在参加各种比赛时一般应穿指定服装(见图 3-3-1)。

图 3-3-1

二、投掷鞋

从事投掷运动时，由于身体动作幅度较大，因此对鞋的要求较高。如果条件允许，应穿专门的投掷鞋。在雨天或投掷圈有积水时，鞋底较强的防滑性会更有利于动作的完成。

初学者穿着软底鞋会感觉到脚疼，随着投掷水平的提高，可以选择硬底的运动鞋。

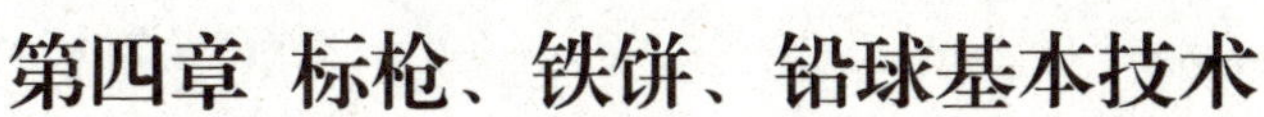

第四章 标枪、铁饼、铅球基本技术

无论是体育爱好者，还是专业运动员，学习一个体育项目，掌握基本技术是关键。尤其是初学者，扎实的基本功是技术水平提高的前提条件，只有熟练地掌握了基本技术，才能更好地挖掘自己的潜能。

第一节 标枪基本技术

掷标枪的基本技术包括握枪、持枪、助跑、最后用力和维持平衡。

一、握枪

掷标枪时，人体运动产生的速度和力量可以通过握枪有效地传递，作用于标枪。合理的握枪方法既要握牢、不滑落，又要保持手腕和手指在用力前相对放松，以便最后快速收缩用力。握枪方法包括普通式握法和现代式握法。

(一)普通式握法

普通式握法的动作方法(见图 4-1-1)是：

(1)将标枪斜放在掌心上；

(2)用拇指和食指握在缠绳把手末端的边沿；

(3)其余手指依次握在缠绳把手上。

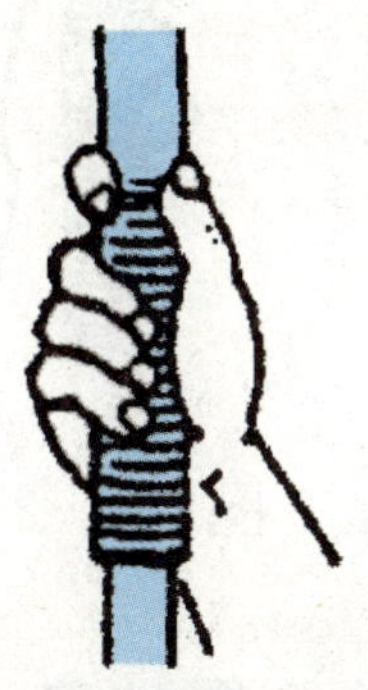

图 4-1-1

(二)现代式握法

现代式握法比普通式握法优越，能在标枪出手瞬间充分利用中指对器械施力，增加用力距离，增强标枪飞行的稳定性。现代式握法的动作方法(见图 4-1-2)是：

(1)将标枪斜放在掌心上；

(2)用拇指和中指握在缠绳把手末端的边沿；

(3)食指自然弯曲，斜放在枪身上；

(4)无名指和小指握在缠绳把手上。

图 4-1-2

二、持枪

正确的持枪有助于在最后用力时形成有利的身体姿势，常用的持枪方法是肩上持枪法，动作方法(见图 4-1-3)是：

(1)右手持枪举至肩上，靠近头右侧上方；

(2)上臂与前臂的夹角约为 90°，肘关节略向外；

(3)枪尾略高于头，枪尖略向下低于枪尾。

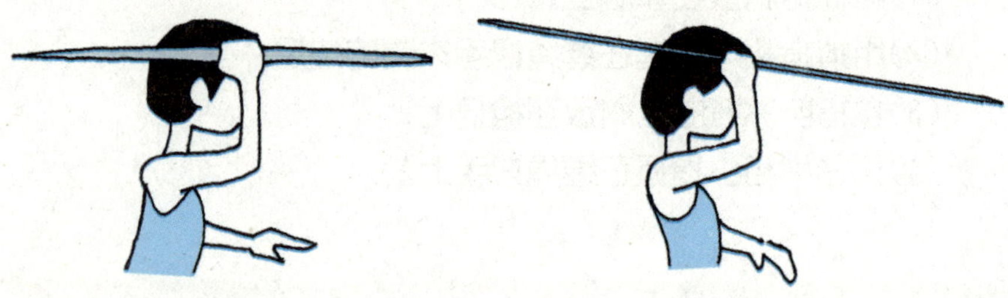

图 4-1-3

三、助跑

助跑是使人体和器械在最后用力之前获得一定的预先速度（标枪出手速度的20%左右来自助跑），为最后用力创造良好条件。助跑包括预跑阶段和投掷步阶段。在助跑距离内通常设置两个标志点，第一标志点是助跑的开始点，第二标志点是投掷步的开始点。从第一标志点起到第二标志点止为预跑阶段距离，从第二标志点起到投掷步最后一步左脚着地处止为投掷步阶段距离（见图4-1-4）。

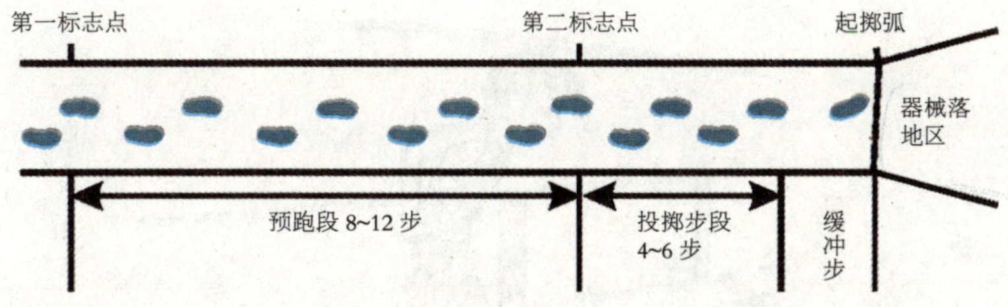

图4-1-4

（一）预跑阶段

预跑有利于提高掷标枪的成绩。预跑速度要与个人掌握技术的熟练程度相适应，要在不断熟练技术和发展身体素质的基础上逐步提高，否则，过分追求助跑速度就会破坏后一段的投掷步和最后用力动作。预跑前，为了提高助跑的准确性，运动员通常持枪向前走或慢跑几步，以左脚踏上第一标志点后开始助跑，或原地站立，左脚在前踏在第一标志点上，身体做两次前后移动，然后进入预跑。预跑的动作方法(见图 4-1-5)是：

(1)上体前倾，两眼平视前方，动作放松且富有弹性；

(2)大腿上摆，略高于普通跑，前脚掌着地，后蹬有力；

(3)左臂摆动同正常跑，持枪臂随跑的节奏做小幅度前后自然摆动，并与下肢动作协调配合；

(4)跑进中要控制好标枪；

(5)不断加快步频以提高跑速，逐渐进入投掷步阶段。

图 4-1-5

(二)投掷步阶段

从第二标志点到最后用力时左脚落地为投掷步阶段，这一阶段的任务是在保持预跑速度或继续加速的基础上，完成引枪动作，做好最后用力前的准备，并不停顿地进入最后用力。投掷步

阶段分为四步。

1.第一步

第一步的动作方法(见图 4-1-6)是:

(1)左脚踏上第二标志点，右腿积极前迈，同时上体向右转动，右肩后撤开始引枪;

(2)引枪时，左肩向标枪靠拢，左臂自然摆向胸前，目视前方;

(3)右脚着地时，脚尖向前，髋部正对投掷方向，躯干保持直立，右臂尚未伸直，标枪靠近身体。

2.第二步

第二步的动作方法(见图 4-1-7)是:

(1)右脚落地后，左腿积极前摆;

(2)同时右腿蹬地，上体继续右转，右肩继续后撤引枪，左臂自然摆向身体左侧;

(3)随着左脚着地，身体已转至左侧对投掷方向，右臂伸直完成引枪动作;

(4)此时，右手约同肩高，标枪与前臂之间的夹角较小并靠近面颊，目视投掷方向。

3.第三步

第三步的动作方法(见图 4-1-8)是:

(1)左脚着地后，右腿自然屈膝，以大腿带动小腿积极前摆靠近左腿;

(2)当身体重心移过左脚支撑点时，左腿积极蹬地，在左腿蹬伸的配合下，右大腿加速向前摆动，并与左腿呈交叉姿势;

(3)同时，左臂自然摆至胸前，帮助左肩内扣并加大躯干向右的扭转，使肩关节与髋关节扭紧形成交叉状态；

(4)左脚蹬离地面，在人体处于低腾空(短暂的无支撑)阶段时，左腿快速低平前摆并超过右腿，为左脚的快落支撑创造条件；

(5)右脚跟外侧随之先着地，并迅速过渡到全脚掌支撑，右脚尖与投掷方向约成 45°角，此时右肩、右髋和右脚几乎呈一直线，身体向后倾斜，与地面形成一定的夹角；

(6)右臂充分伸直于肩关节延长线上，肩、臂肌肉保持放松。

4.第四步

第四步的动作方法(见图 4-1-9)是：

(1)右脚着地后，右腿迅速屈膝缓冲，以减小制动和加快身体重心前移；

(2)当身体重心前移超过右脚支撑点时，右脚积极蹬地，推送髋部向投掷方向转动和前移，已摆至右腿前方的左腿快速向前下方插去，以脚跟或脚内侧先着地，完成强有力的制动支撑；

(3)在左腿前摆和落地过程中，膝关节几乎伸直，大腿不要抬得过高，防止身体重心起伏过大，以加快投掷步第三、四步的动作节奏；

(4)左脚着地位置在右脚前方偏左 20～30 厘米处，脚尖内扣与投掷方向约成 20°角；

(5)左臂随左腿从胸前向身体左侧摆动，上体仍保持向右倾斜的姿势，为最后用力创造条件。

图 4—1—6

图 4—1—7

图 4—1—8

图 4-1-9

四、最后用力

最后用力是掷标枪的最后阶段，任务是尽量利用助跑速度和超越器械的身体姿势，充分发挥人体各部分肌肉力量，并通过投掷臂集中作用于标枪上，以获得最大出手速度和适宜的出手角度，动作方法(见图 4-1-10)是：

(1)投掷步第四步左脚着地后，随着右脚继续蹬地，推动右髋向投掷方向加速运动，使髋关节超过肩关节；

(2)同时髋关节牵引着肩关节向投掷方向转动；

(3)随后投掷臂向上转动，带动前臂、手腕向上翻转；

(4)当上体转为正对投掷方向时，形成“满弓”姿势；

(5)此时投掷臂处于身后，约与肩同高，与躯干几乎呈直角，上臂带动前臂向前做爆发式的“鞭打”动作，在标枪离手的一刹那甩腕，使标枪向前飞出。

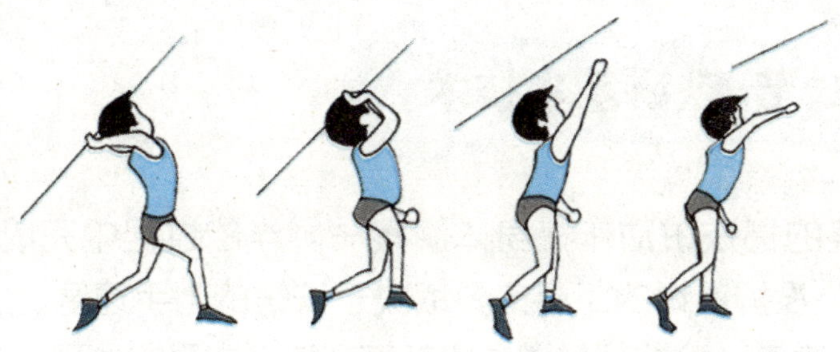

图 4-1-10

五、维持平衡

维持平衡是掷标枪技术的结束动作，用于缓冲人体向前的冲力，防止由于惯性作用使人体继续向前运动而造成犯规，动作方法(见图 4-1-11)是：

(1)在标枪出手后，右腿应及时向前跨出一大步；

(2)上体前倾并略向左转；

(3)左转的同时，屈膝降低身体重心，以缓冲人体向前的冲力，维持身体平衡。

图 4-1-11

第二节 铁饼基本技术

完整的掷铁饼动作在身体旋转一周半的过程中完成（见图4-2-1）。投掷铁饼的距离主要取决于铁饼的出手速度、出手角度和出手高度，这些都是掷铁饼者基本技术水平的体现。基本技术包括握法、预备姿势与预摆、旋转、最后用力和制动与维持平衡等。

标枪铁饼铅球基本技术

图 4-2-1

一、握法

握持铁饼是铁饼投掷的入门和基础，运动员甚至可以通过触摸器械大致预测成绩，由此可见握法的重要性。握持铁饼的方法包括常规握法和非常规握法。

(一)常规握法

常规握法的动作方法(见图 4-2-2)是：

(1)五指自然分开；

(2)拇指和掌心贴在饼面上，其余四指末节扣住铁饼边缘；

(3)铁饼的上边缘靠在前臂上；

(4)手腕略屈，铁饼的上缘靠在前臂内侧。

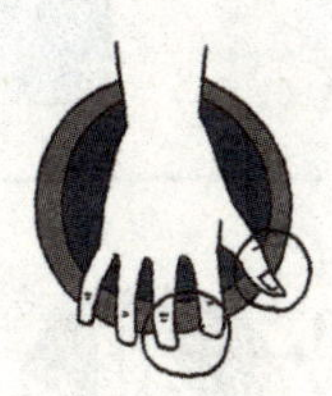

图 4-2-2

（二）非常规握法

经过长时间的训练后，运动员可根据自身技术特点，摸索出更适合自己的非常规握法，以便取得更好的成绩，动作方法(见图 4-2-3)是：

(1)采用食指和中指并拢的握法；

(2)采用食指、中指、无名指三指并拢的握法。

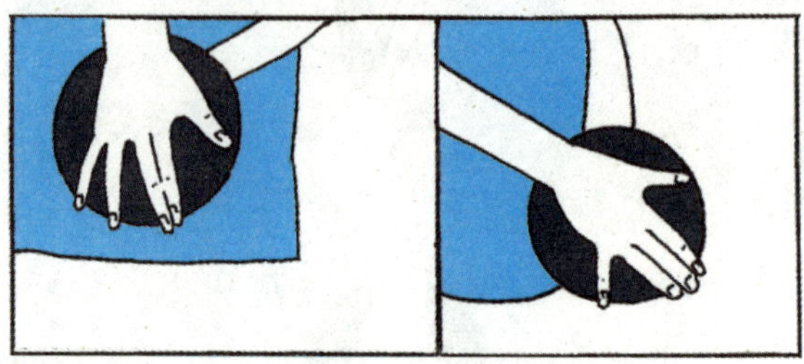

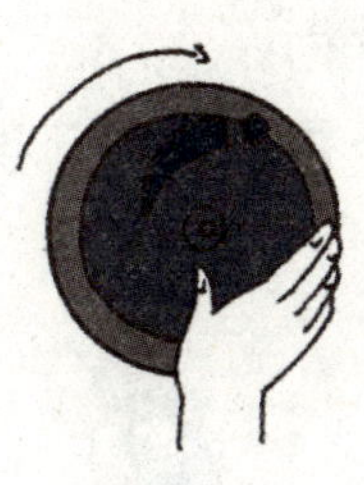

图 4-2-3

二、预备姿势与预摆 

预备姿势与预摆用来维持身体平衡、调节心理状态，并为下一步的旋转动作做好加速准备，使投掷者获得最有利的初状态。

(一)预备姿势

预备姿势是整个铁饼投掷动作的准备和开端，正确的预备姿势是投掷动作顺利完成的基础，动作方法(见图 4-2-4)是：

(1)背对投掷方向，站立于投掷圈后缘中线的两侧；

(2)两脚左右分开站立，距离略宽于肩；

(3)双膝略屈，两脚平行；

(4)持饼臂自然放松下垂于体侧，身体重心位于两腿之间。

图 4-2-4

(二)预摆

旋转前要进行 1～2 次的预摆，目的是使铁饼摆脱静止状态和获得旋转前的预先速度，使身体预先形成扭紧状态，加长铁饼的运行距离，为顺利旋转创造良好条件。常用的预摆方法是左上右后预摆，动作方法(见图 4-2-5)是：

(1)预备姿势站好，躯干向左转动，并带动投掷臂和铁饼向左前方摆动；

(2)当铁饼摆到左前方时，手掌逐渐向上翻转，右肩略前倾，体重移到左腿；

(3)接着右腿略屈，同时躯干向右转动，并带动投掷臂和铁饼向右后方摆动；

(4)当铁饼回摆到身体右后方时，手掌逐渐翻转向下，体重

移向右腿；

(5)在预摆过程中，要以躯干的转动带动投掷臂摆动，合理地移动身体重心，加大摆饼幅度；

(6)预摆结束时，身体要扭紧，避免动作僵硬。

图 4—2—5

 三、旋转

旋转是决定投掷成绩的主要技术环节之一，目的是使人体和铁饼在最后用力之前获得一定的预先速度，并使人体充分扭曲，为最后用力形成有利的预备姿势。旋转包括双腿支撑起转、单腿支撑旋转、腾空旋转和右脚落地单腿支撑旋转等阶段。

(一)双腿支撑起转阶段

双腿支撑起转是指从预摆结束至右腿离地之间的动作过程，是整个旋转动作的开始阶段，也是产生旋转力量的重要时期，这一阶段的动作方法(见图 4-2-6)是：

(1)开始起转时，两脚站位略宽于肩；

(2)运用预摆时扭紧的腰髋大肌肉群的弹性收缩，通过下肢的支撑反作用力，特别是右腿的支撑反作用力，推动上体向投掷方向旋转；

(3)双腿支撑起转进入旋转时，右腿蹬地，左腿、左膝积极外转，使身体重心左移，左臂自然伸展向左摆动，同时向左转肩、转头，上体略前倾保持收腹姿势；

(4)进入旋转时，左腿的转动领先于左肩，躯干要形成较好的扭紧状态，这能为后续旋转积蓄较大的能量。

图 4-2-6

(二)单腿支撑旋转阶段

当左膝、左肩将要转向投掷方向时，右脚蹬离地面，进入以左侧为轴的单腿支撑旋转阶段，这一阶段的动作方法(见图4-2-7)是：

(1)右脚离地后，右腿略屈，以大腿带动小腿呈弧形向投掷圈中心摆动；

(2)右腿摆动时，支撑的左腿向投掷方向继续转蹬，利用左臂、左肩的动作控制好旋转的方向，维持身体平衡，使身体在转动的同时向投掷方向移动；

(3)当右腿摆至投掷圈中心附近时，摆动弧线要低平，同时右髋向内转扣。

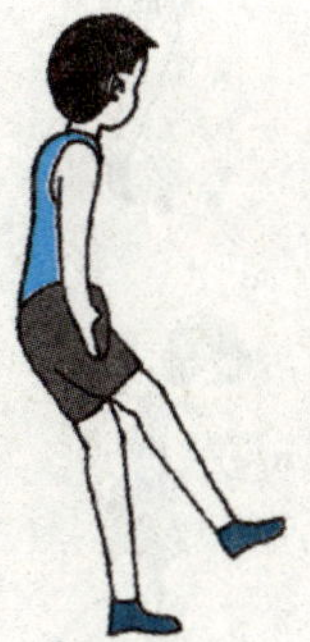

图 4-2-7

（三）腾空旋转阶段

左脚蹬离地面后，即进入腾空旋转阶段，这个阶段的主要任务是缩短下肢的旋转半径，加快下肢的旋转速度，形成上、下肢的旋转速度差，使髋关节超越肩关节，身体呈扭紧状态，动作方法（见图 4—2—8）是：

（1）左脚蹬离地面后，左腿屈膝迅速向右腿靠拢，缩小绕身体纵轴的旋转半径；

（2）右腿带动右髋继续快速转扣下压，左髋随右髋动作快速转向投掷方向；

（3）身体重心起伏要小，腾空时间要短。

图 4—2—8

(四)右脚落地单腿支撑旋转阶段

右脚落地单腿支撑旋转阶段从右脚着地开始，到左脚着地结束，是旋转与最后用力的衔接，是掷铁饼技术的重要环节，起到承上启下的作用。这一阶段的动作方法(见图 4-2-9)是：

(1)右脚着地时，以前脚掌落于投掷圈圆心附近，右脚尖指向投掷反方向偏左 45°左右，投掷臂指向投掷方向略偏右；

(2)铁饼运行至最高点(约同肩高或略高于肩)时，身体重心大部分落在右腿上，略收腹，上体前倾 45°左右，左肩约位于右膝上方，躯干呈扭紧状态，投掷臂放松伸展，与肩关节形成一定的拉引角；

(3)右脚着地后，在保持上述身体姿势相对不变的情况下，右腿屈膝且不停顿地积极转蹬，同时左脚靠近地面，快速摆向落点；

(4)在这一过程中，右脚向投掷方向转动 90°左右，髋关节超越肩关节约 40°～45°；

(5)左脚着地时，肩关节与髋关节的扭转角度约为 75°～85°；

(6)旋转后，投掷臂应放松和伸展。

图 4-2-9

四、最后用力

最后用力阶段从左脚落地、进入双腿支撑开始，是掷铁饼完整技术中最重要的阶段，是决定投掷远近的主要技术环节，主要任务是在旋转加速的基础上再给铁饼加速，以最快的出手速度和适宜的出手角度将铁饼掷出。这一阶段的动作方法(见 4-2-10)是：

(1)髋部及两腿处于较固定的姿势，肩关节与髋关节之间形成较大的扭紧状态，身体重心位于两腿之间并靠近弯曲的右腿；

(2)投掷臂指向投掷方向偏左 45°左右；

(3)右脚落地之后不停顿地转动，同时左脚在贴近投掷圈前沿处、投掷方向中线略偏左的地方积极落地；

(4)在右腿支撑体重、身体充分扭紧和最后用力预备姿势的基础上，右髋、右腿迅速向投掷方向转动，有力地带动躯干和投掷臂运动，促使铁饼沿最大弧线向投掷方向加速转动；

(5)左侧身体形成有力支撑，使身体右侧和铁饼绕左侧轴转动；

(6)当右髋的转动接近投掷方向时，边转动边向前送髋并蹬伸右腿，左肩和左臂也加速向左转动，此时铁饼已沿大半径运行到右肩后方比肩略低的部位；

(7)接着右腿继续蹬转用力，身体重心向支撑的左腿移动；

(8)与鞭打出手动作相配合，身体左侧轴保持稳固并积极支撑用力，在此基础上躯干和投掷臂以爆发式迅猛用力，完成以胸带臂的出手动作；

(9)以转动为主的用力转为以蹬伸为主的用力，加快髋的前送，同时左肩、左臂加速向左转动，身体重心移向左侧，形成从左脚到左肩的左侧支撑；

(10)左侧强有力的支撑作用和其他部位的协调配合，使身体的转动和向前的运动突停，形成以胸带臂的快速“鞭打”动作，使全身的力量以最快的速度通过投掷臂作用于铁饼上；

(11)铁饼出手时，身体重心达到较高位置，铁饼与右肩同高；

(12)铁饼出手瞬间，由小指到食指要依次用力拨饼，使铁饼按顺时针方向转动飞出，铁饼出手高度约与肩同高，出手角度约为 35°。

图 4-2-10

五、制动与维持平衡

制动与维持平衡是掷铁饼技术的结束动作，用于铁饼出手后缓冲人体向前的冲力，防止由于惯性作用使人体继续向前运动而造成犯规。

(一)制动

制动是指将旋转获得的能量迅速转移到铁饼上的技术，动作方法(见图 4-2-11)是：

(1)全脚着地，配合出手时机；

(2)左脚用力，使旋转获得的推进力得以缓冲；

(3)急停制动，将能量传递给铁饼，并促进加速。

图 4-2-11

(二)维持平衡

为避免犯规，投掷动作完成后要维持好身体的平衡，动作方法(见图 4-2-12)是：

(1)降低身体重心；

(2)及时交换两脚位置，并顺着转动惯性转体。

图 4-2-12

第三节 铅球基本技术

铅球基本技术是铅球初学者必须掌握的基础知识，是获得好成绩的前提和保障，一般包括两种技术类型，即背向滑步推铅球技术和旋转推铅球技术。

一、背向滑步推铅球技术

背向滑步推铅球技术是传统的推铅球技术，包括握球与持球、预备动作、滑步、最后用力和维持平衡。

(一)握球与持球

1.握球

握球的动作方法(见图 4-3-1)是：

(1)五指自然分开，将球放在食指、中指、无名指的指根处，拇指和小指贴在球的两侧；

(2)托好球后，手腕自然背屈，铅球的重心固定在食指和中指的指根或第二指骨处。

2.持球

持球的动作方法(见图 4-3-2)是：

(1)握好球后，将球放置在右颈部锁骨窝处，球体紧贴颈部；

(2)右臂屈肘，自然外展，掌心向外，上臂与身体的夹角约为 45°；

(3)背对投掷方向，右脚尖紧贴投掷圈后端内沿站立，体重均衡地落在右腿上；

(4)左脚脚尖触地，位于体后 20～30 厘米处，左腿呈放松状态；

(5)躯干和头部保持正直，髋向上略有提升，目视前方，注意力集中于将要开始的起动动作；

(6)左臂自然上举，或者由肩上转向胸前，保持身体扭紧，维持身体平衡。

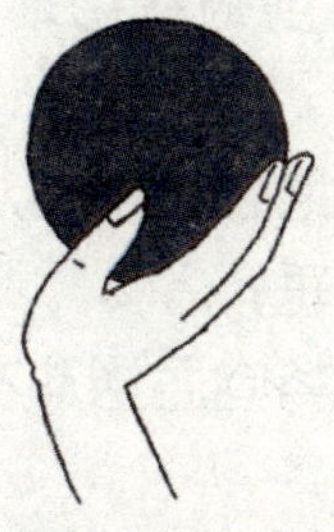

图 4-3-1

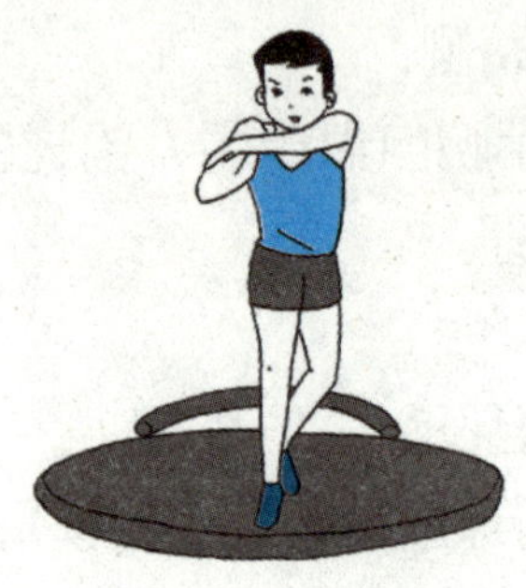

图 4-3-2

(二)预备动作

预备动作是进入滑步状态前身体姿态的调节过程，能够为顺利地进行滑步创造条件，对铅球运行距离的远近也有重要影响。常用的预备动作有 3 种。

1.第一种方法

第一种预备动作由低姿状态开始，动作方法(见图 4-3-3)是：

(1)持球站好后，上体前俯约与地面平行，两腿弯曲，身体重心落于右腿上；

(2)左腿后伸以脚尖点地，左臂自然下垂，目视前下方；

(3)持球臂肘部自然下垂；

(4)待姿态稳定后，顺势向后摆动左腿，开始滑步。

2.第二种方法

第二种预备动作从较高的姿态开始，动作方法(见图 4-3-4)

是：

(1)持球站好后，采用平稳从容的动作，上体逐渐前倾，接近水平位置；

(2)同时，左腿向后上方抬起，右腿膝关节略屈，体重均匀地分布在整个右脚掌，头部和躯干的位置关系保持不变；

(3)伴随左腿的回收，右腿的髋、膝关节主动弯曲；

(4)身体各部分向右腿一侧靠拢，呈团身状态，并且髋部略向投掷方向移动，为进入滑步阶段做好准备。

3.第三种方法

第三种预备动作的方法(见图 4-3-5)是：

(1)持球站稳后，向前屈体，同时左腿向后伸展，左臂上伸；

(2)上体前屈至接近与地面水平时，整个身体从侧面看形成一个“T”字形；

(3)待稳定后，顺势做团身动作，上体有节奏地加深前俯，约与地面平行；

(4)与此同时，左腿屈膝靠近右膝，左臂略下垂，身体重心向投掷方向移送；

(5)随后利用“团身”的反弹，左腿向后摆出，开始滑步。

图 4—3—3

图 4—3—4

标枪铁饼铅球基本技术

图 4-3-5

(三)滑步

滑步动作从左腿向抵趾板方向摆动开始，目的是使铅球获得尽可能大的水平移动速度，并为最后用力创造良好的条件，它是推铅球技术的重要阶段，动作方法(见图 4-3-6)是：

(1)完成预备动作后，呈团身姿态，重心已开始向投掷方向移动；

（2）利用身体失去平衡瞬间，左大腿顺势向后摆出，带动髋部伸展，此时两大腿呈分开状，肩部落后于髋部；

（3）左腿摆动进入后半段时，右腿压力减小，立即配合右腿的蹬伸，带动上体向圆心移动；

（4）在右腿几乎伸直的同时，右脚迅速蹬离地面，收拉右小腿，右脚内转约 90°，落在圆心附近；

（5）同时，左小腿积极向抵趾板方向插上，脚略外展落在抵趾板内沿 15 厘米处，左脚尖与右脚跟约在一条直线上；

（6）滑步过程中，左臂始终略屈在右胸前方，这样既可以控制上体，保持上体与下肢之间的扭紧状态，还可以在最后用力时协助上体向投掷方向转动。

图 4-3-6

(四)最后用力

最后用力是推铅球技术的主要环节，它从左脚着地瞬间开始直到将铅球推离指尖为止。最后用力动作是否正确，直接关系着出手速度、出手高度和出手角度，影响着器械飞行的远度，整个动作过程包括蓄力阶段和加速推球阶段。

1.蓄力阶段

蓄力阶段的动作方法(见图 4-3-7)是：

(1)滑步结束，右脚落地瞬间，右脚及右膝继续向投掷方向转动并积极蹬伸；

(2)同时配合右腿的有力支撑，身体避免水平前移，把力量传导至髋部，使右髋向前、向上送出，骨盆围绕身体纵轴转动；

(3)由于挺转髋的带动，原来向后扭紧的上体和左臂一起随着向左上方转动；

(4)此时肩关节仍落后髋关节，身体形成“侧弓状”，身体重心位置在两腿之间，准备进入加速推球阶段。

2.加速推球阶段

加速推球阶段的动作方法(见图 4-3-8)是：

(1)躯干形成“侧弓”后，由体侧以右髋为主导继续向前转动；

(2)由下肢产生的力继续向上传导，使胸部对准投掷方向；

(3)左臂做先向斜上方，再向斜下方的急振动作，在此动作的引导下，躯干绕右髋水平轴做“鞭打”动作；

(4)急振的同时，右肩高于左肩，“鞭打”动作到达高峰时

期；

(5)右臂在肘关节处做有力的伸展，手腕内转屈腕，手指在离球瞬间有弹性地拨动球体，将铅球向前上方推出。

图 4—3—7

图 4—3—8

(五)维持平衡

在铅球即将离手的瞬间，为了继续向前加速，获得更好的推球效果，身体要向投掷方向伸展。在这种情况下，为了防止犯规，维持身体平衡技术的运用非常重要，动作方法(见图 4-3-9)是：

(1)铅球出手后，右腿顺势前摆，积极变换支撑腿，将右脚踏于左脚附近；

(2)左腿后摆，右腿承担全部体重；

(3)降低重心，保持身体平衡，防止犯规。

图 4-3-9

二、旋转推铅球技术

旋转推铅球技术借鉴了掷铁饼的旋转技术，特点是动作连贯舒展、加速路线长、转动幅度大、出球速度快，但是由于铅球在旋转过程中的离心力大而难于控制，所以该技术难度较大，不易保持平衡。旋转投掷铅球技术包括握球与持球、站立姿势与预备动作、旋转、最后用力和维持平衡。

（一）握球与持球

1．握球

旋转推铅球的握球方法与背向滑步推铅球的握球方法相同。

2．持球

旋转推铅球在加速过程中，离心力较大，因此持球时需要抬肘，把铅球紧贴在锁骨窝处，以防止脱落。

（二）站立姿势与预备动作

1．站立姿势

站立姿势的动作方法（见图 4-3-10）是：

（1）两脚开立，两脚尖紧贴投掷圈后端的内沿，背对投掷方向站立；

（2）左臂略向左前方抬起，以与右臂保持平衡；

（3）上体略前倾，两腿略屈。

2.预备动作

上体左右转动，右转时幅度较大，拉紧躯干肌群，重心大部分移至支撑腿右腿，以便旋转。

(三)旋转

旋转的动作方法(见图 4-3-11)是：

(1)上体利用躯干反扭紧的动力向左转动；

(2)左脚提踵，左膝外展，右腿蹬伸，身体重心逐渐移向弯曲的左腿，并且以左脚掌为轴，向投掷方向转动；

(3)右脚蹬离地面后，右腿略屈，围绕左腿向投掷方向做弧形摆动；

(4)上体转到面对投掷方向时，右腿屈膝向投掷方向迈出，为身体进行快速转动创造条件；

(5)随后左脚顺势蹬离地面，右脚前跨，并以右脚前脚掌落在圆心附近，承担全部体重；

(6)右脚落地后继续转动，左脚立刻外展后向投掷的左前部分插出，身体重心仍保持在弯曲的右腿上；

(7)下肢快速形成双支撑，使落后的上体向投掷反方向倾斜与扭紧；

(8)在旋转动作中，由于球重、离心力大，右臂、右手需要牢固地控制铅球，头保持正直，目视前方；

(9)为配合右臂保持平衡，左臂略向侧前方抬起，帮助躯干

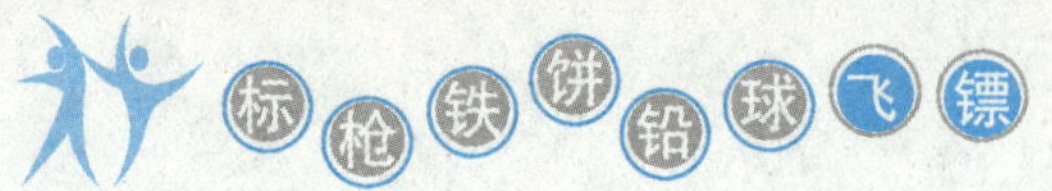

形成最大扭紧状态，为最后转体用力提供最有利的条件。

图 4-3-10

图 4-3-11

(四)最后用力

推铅球的最后用力，从滑步结束时左脚积极下压着地的一瞬间开始，到铅球出手结束，它是推铅球技术的主要环节，其主要任务是充分利用滑步所获得的预先速度和形成超越器械的有利身体姿势，将人体各部分力量集中作用于铅球上，以获得最大的出手速度和适宜的出手角度，从而获得最佳的投掷效果。最后用力的动作方法(见图 4-3-12)是：

(1)髋部发力后，膝关节、踝关节肌群依次用力；

(2)这些力作用于地面后，获得的支撑反作用力向上传递，最后协同躯干、臂、手的相继用力将球推出。

图 4-3-12

(五)维持平衡

铅球出手后，在转动惯性的影响下，身体继续向左转动，应及时采用换步和降低身体重心来减缓冲力，以维持身体平衡。

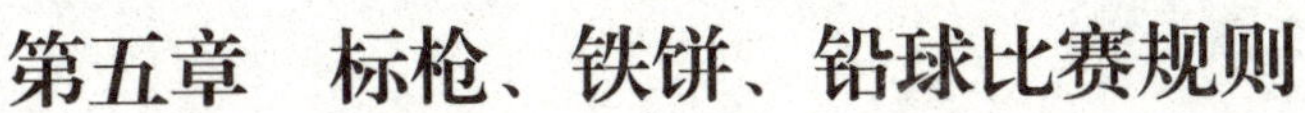

第五章　标枪、铁饼、铅球比赛规则

比赛需要遵循一定的程序来进行，同时也需要必要的裁判工作来维持。合理的程序是比赛顺利进行的前提条件，正确、合理的裁判工作是比赛公平、公正的基本保障。了解比赛规则的相关知识，能够使观众更全面、更深入地欣赏比赛，同时也能使运动员游刃有余地进行比赛。

第一节 程序

投掷类项目的比赛要按照一定的程序来进行，具体包括参赛办法和比赛方法。

一、参赛办法

（1）抽签决定运动员试掷顺序；

（2）运动员超过 8 人时，应允许每人试掷 3 次，成绩最好的前 8 名运动员可再试掷 3 次，试掷顺序与排名相反；比赛人数为 8 人或少于 8 人时，每人均可试掷 6 次；

（3）比赛开始前，运动员可在比赛场地练习试掷，练习时应按抽签排定的顺序进行，并始终处于裁判员的监督之下；

（4）比赛开始后，运动员不得持器械练习，不得在投掷圈或落地区以内地面练习试掷。

二、比赛方法

（一）标枪

（1）掷标枪时应握在把手处，从肩部或投掷臂上臂的上方掷出，不得抛甩，不得采用非传统姿势进行投掷；

（2）只有枪尖先于标枪的其他部位触地，试掷方为有效；

(3)运动员试掷时，在标枪出手以前，身体不得完全转向背对投掷弧；

(4)不允许使用任何装置对投掷时的运动员进行任何帮助(例如使用带子将两个或更多的手指绑在一起)，除开放性损伤需要包扎以外，不许在手上使用绷带或胶布，不允许使用手套；

(5)为了能更好地持握器械，运动员可以使用某种物质，但仅限于双手；

(6)为防止脊柱受伤，运动员腰间可系一条皮带或其他适宜材料制成的带子；

(7)运动员开始试掷后，身体的任何部位触及投掷弧、助跑道标志线和助跑道以外地面，或在试掷时标枪出手不符合规定的，均判为试掷失败；

(8)如果标枪在试掷时或在空中飞行时折断，不应判为试掷失败，可重新进行一次试掷。如果运动员因此失去平衡而犯规，也不应判作试掷失败；

(9)标枪枪尖必须完全落在落地区角度线内沿以内，试掷方为有效；

(10)每次有效试掷后，应立即测量成绩，枪尖的最先触地点取直线量至投掷弧内沿，测量线通过圆心；

(11)标枪落地后，运动员方可离开助跑道。运动员必须在助跑道两侧平行线或完全在投掷弧及两端延长线的外侧离开；

(12)掷完标枪后，必须将器械运回投掷区，不得掷回；

(13)应以运动员最好的一次试掷成绩(包括因第一名成绩相等而进行的决名次赛的试掷成绩)作为其最后的决定成绩。

（二）铁饼

（1）运动员必须在投掷圈内，从静止姿势试掷，允许运动员触及铁圈内侧；

（2）不允许使用任何对运动员有帮助作用的物品和装置（例如使用带子将两个或更多的手指绑扎在一起）。除开放性损伤需包扎外，不得在手上使用绷带或胶布，不许戴手套；

（3）为防止脊柱受伤，运动员腰间可系一条皮制或其他适宜材料制成的带子；

（4）不允许运动员向投掷圈内或鞋底喷洒任何物质；

（5）运动员进入投掷圈内试掷时，不允许身体的任何部位触及圈外地面或铁圈上沿，否则判为试掷失败；

（6）运动员如果违反上述规则，可中止试掷，将器械放于圈外，再从静止姿势重新开始试掷；

（7）铁饼必须完全落在落地区角度线内沿以内，试掷方为有效；

（8）每次有效试掷后，应立即测量成绩，测量方法为：从铁饼落地痕迹的最近点取直线至铁圈内沿，测量线应通过投掷圈圆心；

（9）在器械落地后运动员方可离开投掷圈，离开投掷圈时，首先触及的铁圈上沿或圈外地面必须完全在圈外白线的后面，白线后沿的延长线应通过投掷圈圆心；

（10）应将器械运回投掷圈，不许掷回；

(11)应以运动员最好的试掷成绩(包括因第一名成绩相等而进行的决名次赛的试掷成绩)作为最后的决定成绩。

(三)铅球

(1)推铅球比赛中，每人可试投 6 次，3 次为预赛，取得决赛资格后还可投 3 次；

(2)如参加比赛人数众多，可设有及格赛，每人只可投 3 次，达到及格标准后方可参加正式比赛，及格赛中的成绩不算正式比赛成绩；

(3)推铅球比赛应按事前抽签的顺序依次试投，不得无故延误时间，应在叫到自己名字或号码 1.5 分钟内进行试投；

(4)推铅球不准戴手套；

(5)每次投完后，必须等铅球落地后才能离开投掷圈，应从投掷圈直径后面离圈。

第二节 裁判

投掷项目应根据比赛的实际需要，成立投掷裁判小组，裁判小组在主裁判领导下进行裁判工作。裁判工作是成功地进行比赛的关键，因此每一名裁判员都要严格地履行自己的责任。

一、裁判员

裁判小组一般由 5～6 人组成，各裁判人员的具体分工如下：

(1)由主裁判领导全面工作，并负责判定运动员试掷是否有效；

(2)由 1 名裁判员在投掷区附近协助主裁判判定运动员试掷是否有效，并负责丈量成绩；

(3)由 2～3 名裁判员在器械的落地区负责确定落点是否有效、插旗和丈量成绩；

(4)由 1～2 记录员负责检录、通知运动员试掷和记录试掷情况与成绩；

(5)由 1～2 名服务人员负责将掷出的器械送回投掷区。

投掷项目裁判员的工作位置(见图 5-2-1)。

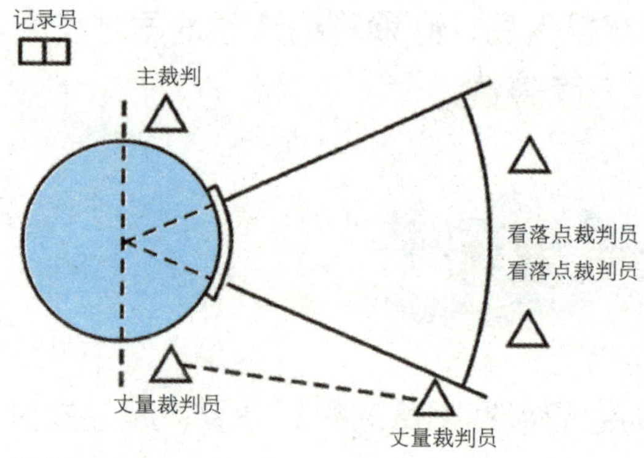

图 5-2-1

二、成绩丈量

比赛开始后，由记录员按试掷顺序呼号依次试掷。运动员试掷时，主裁判在投掷区附近负责监察运动员试掷是否犯规，判定试掷是否成功。落地区附近的裁判员要注意器械的落地点，对有效的落地点，要根据主裁判的旗示，决定是否插旗和丈量成绩。具体方法如下：

(1)投掷项目比赛，裁判员通常采用的旗示如下：主裁判上举白旗表示试掷成功，上举红旗表示试掷失败，看落点裁判员上举白旗表示落点有效，上举红旗表示落点无效，红旗指向左侧表示器械从左方出界，红旗指向右侧表示器械从右方出界；

(2)进行一般的比赛时，为节省比赛时间，通常采用“追逐”插旗法，此法只给前 8 名插旗，第 8 名以后者一律不插旗，如有超过 8 名中任何一名者，则将原来第 8 名的旗拔掉，插上写有超过者号码的小旗；

(3)前 3 轮试掷结束后，丈量 8 名运动员成绩，并宣布后 3 轮试掷顺序；

(4)记录员应将运动员每次试掷的情况记入“田赛远度项目成绩记录表”，丈量成绩者应将成绩记入表内；不丈量成绩者通常采用下列符号记录表示:“○”表示试掷成功,“×”表示试掷失败,“-”表示免掷，“△”表示兼项请假；

(5)丈量方法。从器械落地的最近点(距离投掷圈或起掷弧的最近点)取直线通过投掷圈或起掷弧至圆心，丈量着地的最近点至投掷圈或起掷弧内沿之间的距离；

(6)后 3 轮试掷结束后，记录员根据 6 次试掷中的最佳成绩判定比赛名次，主裁判应认真审核并签字，然后交由比赛裁判长审核签字，最后交编排和记录公告组；

(7)全能项目中的投掷项目比赛，运动员试掷次数为 3 次，记录员应将运动员 3 次试掷中的最好成绩作为决定成绩，登记后交主裁判审核签字，然后交给裁判员。

飞镖

第六章 飞镖概述

飞镖运动是一项集竞技、健身和娱乐于一体的绅士运动。其娱乐性强，又使人们能在娱乐中休闲健身、缓解眼部疲劳，因此深受人们喜爱。

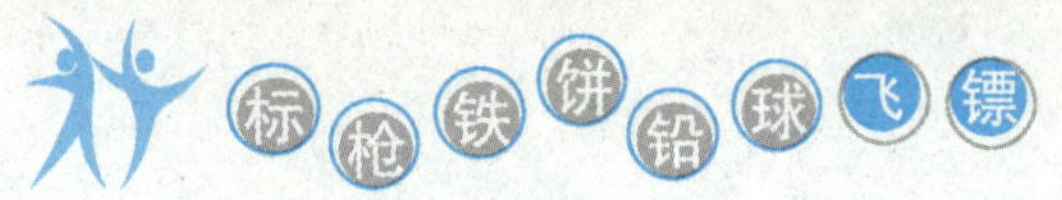

第一节 起源与发展

通常认为，飞镖运动是由标枪和一种被称为“飞镖”的箭发展而来的。

一、起源

关于飞镖运动的起源有三种说法。

第一种说法，飞镖运动是由古罗马军团的士兵发明的。据记载，古罗马军团的士兵被罗马皇帝派到遥远的不列颠岛，多雨的气候不便于他们长时间在户外活动。于是，他们在板棚中，把箭投向用柞树横切面制成的靶子，由此逐渐发展成现代飞镖运动项目。

第二说法，飞镖运动是由英国的弓箭手在近距离作战时使用的一种 25.4 厘米长的投掷武器演变而来的。

第三种说法和具体的历史人物有关。英国国王亨利七世体质较弱，他考虑到打猎既危险又辛苦，决定不再打猎，而是制作了一种短柄标枪向柞树的横切面投掷，以达到健身的目的。不久，王公大臣们也喜爱上了这种运动，后来，这项运动逐渐流传到民间，并演化成现在的飞镖。

二、发展

最初的飞镖类似于短手持箭，镖盘是用树的断面或酒桶底，后来经过不断改造，现代镖盘的外形产生了。

1908年，飞镖被官方提升为技术游戏，逐渐赢得了众多爱好者的喜爱，越来越多的酒馆设置了镖盘。1924年，最早的全国性组织，全英飞镖协会在英格兰成立，并举办了锦标赛。

第二次世界大战以后，飞镖运动获得了巨大的发展。1973年，英国飞镖协会成立；1975年，美国飞镖组织成立；1977年，加拿大全国飞镖联合会成立；1976年，澳大利亚飞镖联合会成立，其他众多的全国性组织也在世界各地纷纷诞生。

第二节 特点与价值

飞镖作为一项文明、高雅、健康的运动和低消费的休闲方式，特别符合现代都市快节奏、工作紧张的人们对健康生活的需求。

一、特点

(一)竞技性

飞镖运动是一项竞技体育项目，它技术性强，要求选手在投镖前一只脚牢牢地抓住地面站稳，另一只脚做辅助支撑，举镖的手及身体任何部位都不能晃动，排除一切杂念，凝神于目标，投镖时肩、肘、腕自然伸展运动。整个飞镖比赛过程，给人以很大的悬念，极具竞技性。

（二）观赏性

飞镖运动极具观赏性，选手们动作矫健、身手敏捷，在双方争夺“Double”结束的时候，不仅可以欣赏到选手高超的技艺，还可以观察选手的心理控制能力。在飞镖比赛中，心理素质往往起着决定性作用，经常可以看到以弱胜强的战例。

（三）普及性

二、价值

飞镖运动不受年龄、性别、身体、场地和气候等条件的限制，适用场合非常广泛，普及性强，被人们与台球、保龄球并称为最具群众性的“三大体育休闲运动”。

（一）调节情绪和心理

经常参加飞镖运动，可以改善人的情绪状态，进而有助于心理健康。一些研究发现，飞镖运动对人的情绪状态具有显著的短期效应，也就是说，当处于焦虑、抑郁、紧张和心理紊乱的时候，参加飞镖运动可以降低这些不良情绪。

（二）排遣闲暇时间

利用闲暇时间参加飞镖运动，可以充实人们的业余生活，排遣孤独和寂寞，增强内在的精神力量，有效地转移对于现实苦恼的注意力，减少消极思维，保持积极情绪状态，调节身心，从而有助于保护人们的身体和心理健康，形成积极健康的生活方式。

（三）锻炼身体

飞镖运动对于一些较小的平时很少能锻炼到的肌肉和关节有很好的锻炼效果，如指、腕、肘、肩关节，三角肌和肱三头肌等。

（四）缓解眼部疲劳

飞镖运动要求眼睛做节奏性的瞄准、放松，对于放松眼睛，缓解眼部疲劳很有益处。

第七章 飞镖场地、器材和装备

飞镖运动属于室内运动，因此在场地、器材和装备等方面都有着特殊的要求。

第一节 场地

飞镖运动对场地有严格要求，一般应在室内进行。

一、规格

（一）镖盘悬挂高度

从内中心圆(50 分区)的中心点，到地面的垂直高度为 1.73 米。

（二）投镖距离

从镖盘正面中心点到地面垂直线顶点至投镖线的正中心点距离为 2.37 米，这是选手投镖的最短距离。

（三）投镖线

(1)投镖线应为凸起的金属、木质或塑料质地的规则线或板，其高度不低于 0.03 米，宽为 0.6 米以上，与镖盘正面平行；

(2)从内中心圆的中心点，到投镖线正中心点的对角线长为 2.93 米。

(四)各投镖区之间距离

各投镖区之间的距离以两个镖盘对应一侧之间的距离为准，此距离应不少于 2 米(见图 7-1-1)。

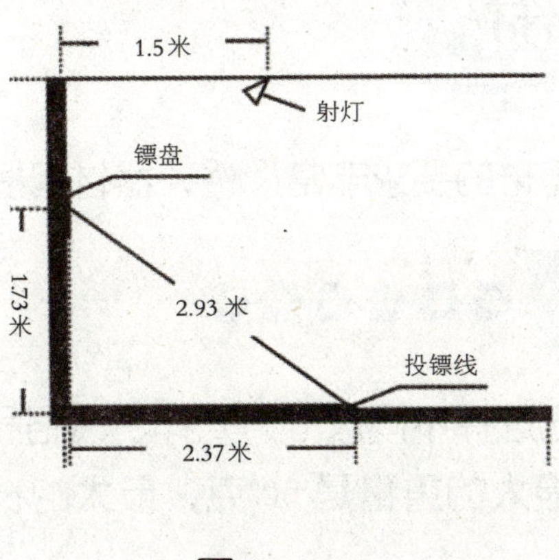

图 7-1-1

二、设施

投镖区地面下层为一定宽度的木质地板，地板上覆盖地毯或胶皮。

三、要求

(1)室内高度应不低于 2.4 米；

(2)投镖区地面应保持清洁平坦、无障碍物；

(3)照明灯光应充足，并聚光在镖盘上，尽可能使镖盘上的飞镖没有阴影，最好采用强度不小于 100 瓦的聚光射灯；

（4）镖盘背景灯光不能太强，必须均匀，以不超过镖盘亮度为准，使选手在投镖时不受灯光影响；

（5）观众席的亮度不得超过赛场亮度。

第二节 器材

飞镖比赛对器材的要求非常严格，器材包括的种类也较多。

一、飞镖

选手可以自己选择不同尺寸、式样、风格和重量的飞镖，在锦标赛中，飞镖最大的重量是 50 克，最大的长度是 12 英寸（约 30.48 厘米）。

（一）构成（见图 7-2-1）

1.镖针和镖身

（1）镖针通常是钢质的，与镖身固定在一起；

（2）镖身可以是铜、镍银或钨合金材质；

（3）软式飞镖的镖针是尼龙材质，通过螺丝拧进镖身，可以拆卸。

2.镖杆

镖杆通过螺丝拧进镖身，通常由耐用的塑料或尼龙、轻金属制成，具有多种式样、颜色和长度。

3.尾翼

尾翼装在镖杆的顶端，通常用塑料、尼龙、金属或者纤维织物制成，羽毛尾翼也可以。

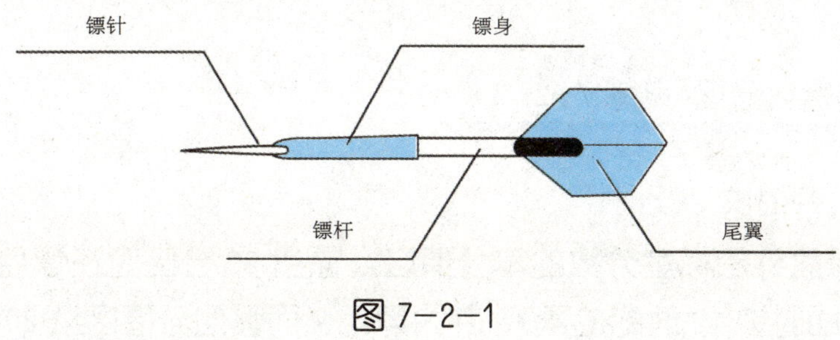

图 7-2-1

(二)飞镖选择(见图 7-2-2)

有很多飞镖的种类可供选择，在购买之前，可以尝试不同的风格。较昂贵的飞镖是由价格不菲的金属，通常是铜制成的。较细的流线型飞镖是由较重的金属，通常是钨合金制成的，在俱乐部和锦标赛选手中最为流行。最常见的飞镖重量是在 14～30 克之间，略轻或略重都是可以的。

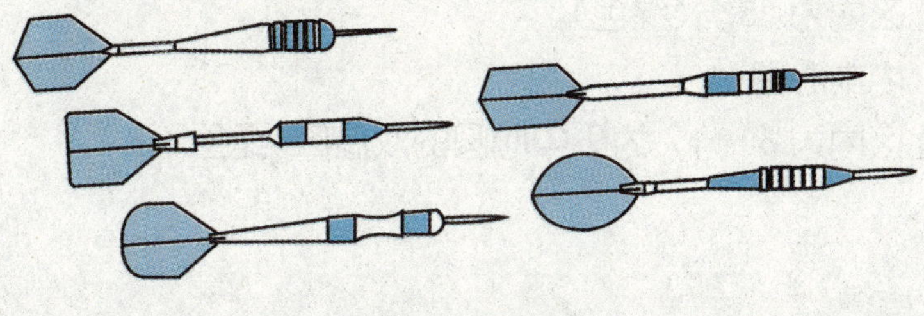

图 7-2-2

二、镖盘

在国内飞镖比赛中，必须使用由中国飞镖协会指定或认定的、符合国际标准的 20 等分琼麻质地的镖盘。

（一）镖盘分区（见图 7-2-3）

1. 分值区

镖盘外圈标定分数的本分值区。镖盘 20 分区应在镖盘的正上方（即时钟 12 时的位置），并为黑色，而其他分值区从 20 分开始被交叉分为两种颜色，顺时针为 1 分、18 分、4 分、13 分、6 分、10 分、15 分、2 分、17 分、3 分、19 分、7 分、16 分、8 分、11 分、14 分、9 分、12 分、5 分。

2. 双倍区

镖盘外圈的狭窄圈环，为各分值区分数的两倍。

3. 三倍区

镖盘内圈的狭窄圈环，为各分值区分数的三倍。

4. 外中心圆

此区内为 25 分（绿色）。

5. 内中心圆

此区内为 50 分，为外中心圆的双倍区（红色）。

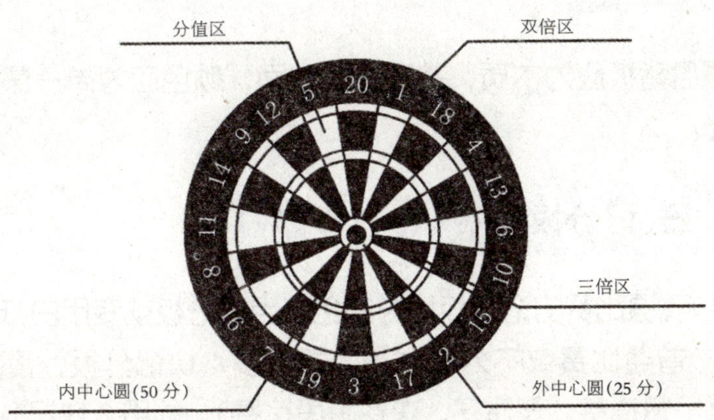

图 7-2-3

(二)镖盘规格

(1)镖盘厚 38 毫米，镖盘直径 453(±3)毫米；

(2)数字圈直径 436 毫米，钢丝直径 2 毫米；

(3)分隔网圈直径 335 毫米，钢丝直径 1 毫米；

(4)外中心圆直径 31.8 毫米，内中心圆直径 12.7 毫米；

(5)双倍区顶弧宽 55 毫米，底弧宽 50 毫米(双倍区、三倍区宽 8 毫米)；

(6)三倍区顶弧宽 35 毫米，底弧宽 30 毫米；

(7)上分值区高 55 毫米，下分值区高 80 毫米，分值区底边弧宽 5 毫米。

（三）其他要求

镖盘背板应为木质，并垂直于地面，颜色应为单一深色，且不反光。

三、记分板／纸

（1）飞镖比赛的记分板应为白色专用记分板或专用白纸；

（2）普通比赛或不公开比赛，每组设 1 块记分板，重要比赛如高水平邀请赛、表演赛、决赛阶段比赛)，须用 2 块记分板；

（3）在赛场中，记分板应悬挂或放置在投镖区的左前方或镖盘两侧，与镖盘平行，距离镖盘一边 0.5～1 米(见图 7-2-4)。

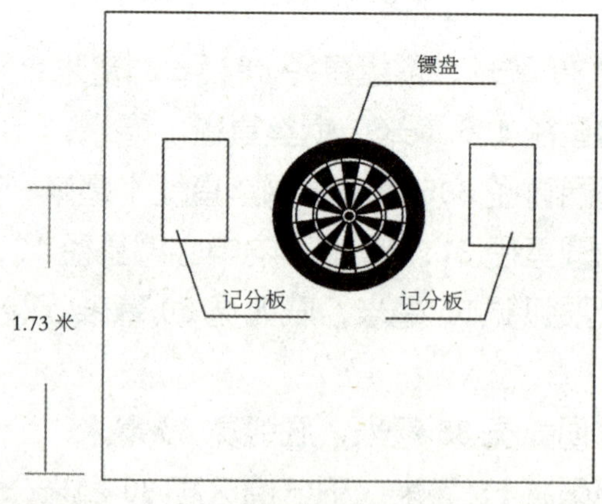

图 7-2-4

第三节 装备

飞镖运动具有一定的危险性，因此对装备的要求非常严格。

一、服装

（一）款式

（1）比赛时上身应着有领上衣，下身穿长裤；

（2）团体比赛，每队队员着装应统一。

（二）要求

（1）严禁穿着背心、短裤、无领衫和拖鞋入场；

（2）未经组织者允许，任何选手不得穿着带有广告材料，标语，公司、产品名称或俱乐部名称的服装。

二、鞋

有助于提高飞镖水平的一个重要因素就是拥有一双质量较好的鞋。鞋底硬挺的鞋不仅穿着舒适，还有助于保持与地面的摩擦力，减少飞镖投掷过程中的体力损耗，避免因为鞋底过软而造成的不适。

第八章 飞镖基本技术

飞镖基本技术的掌握是决定选手赛场能否取得好成绩的先决条件。飞镖基本技术包括握镖、站姿和投掷等。

第一节 握镖

握镖没有正确与错误之分，不同选手握镖的方法也不尽相同，基本的动作方法(见图 8-1-1)是：

把飞镖放在拇指和其他两三个指头之间，紧紧地握住镖身。

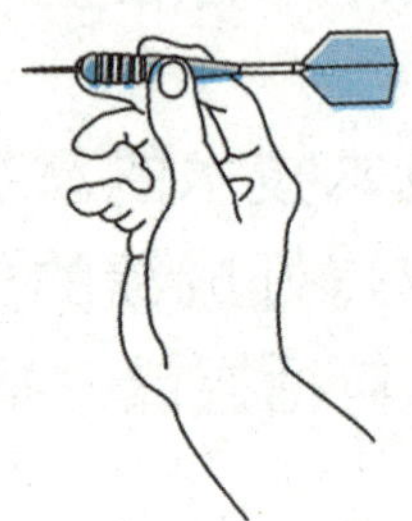

图 8-1-1

第二节 站姿

在投镖线或“投掷板”前站立的姿势，是准确投掷飞镖的重要因素，应该保持最自然的投掷状态。脚位和与镖盘对应关系是站姿的两大要素。

两脚要分开，常见的位置有 3 种，所有的站姿都是这些形式

的变种。

(1)平行站在投镖线上，与投掷手臂相对应的脚靠近镖盘；

(2)45°角斜对镖盘；

(3)两脚正对镖盘(见图 8-2-1)。

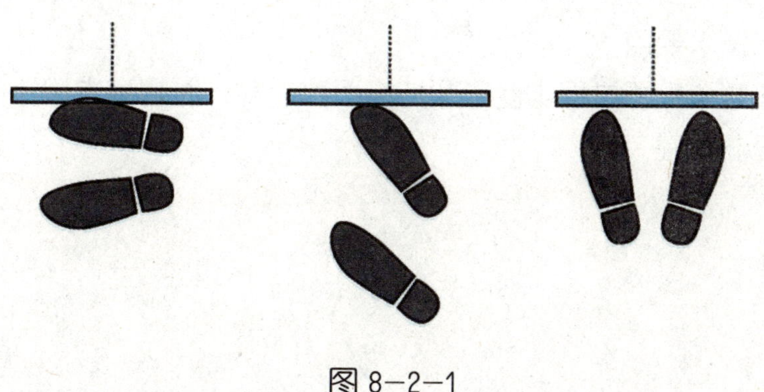

图 8-2-1

二、与镖盘对应关系

直接面对镖盘，投掷手臂与镖盘的中心呈一条直线，在连续投掷时应尽量少移动，整个动作连贯。

第三节 投掷

投掷动作与站姿应融为一体，在投镖线前的投掷动作应该是自然、舒适和有效的，包括站姿与预备、投出和后续动作等。

一、站姿与预备

1.动作方法(见图 8-3-1)

调整姿势，瞄准目标，抬肘，前臂与地面平行，从面前引镖向后，准备投出。

2.技术要点

在整个投掷过程中使镖保持在面部之前，肘臂基本保持同样的高度。

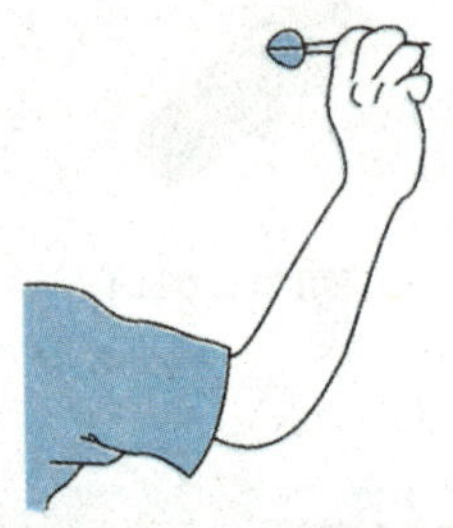

图 8-3-1

二、投出

1.动作方法(见图 8-3-2)

(1)前臂直接向镖盘伸展，同时伴随手腕略向前运动；

(2)伸展后的手臂距离镖盘只有大约 5 英尺(约 152.5 厘米)。

2.技术要点

用力要得当，不需要使出手臂或肩膀所有的力气，这是成功

投镖的关键，投出去的飞镖能够插入镖盘即可。

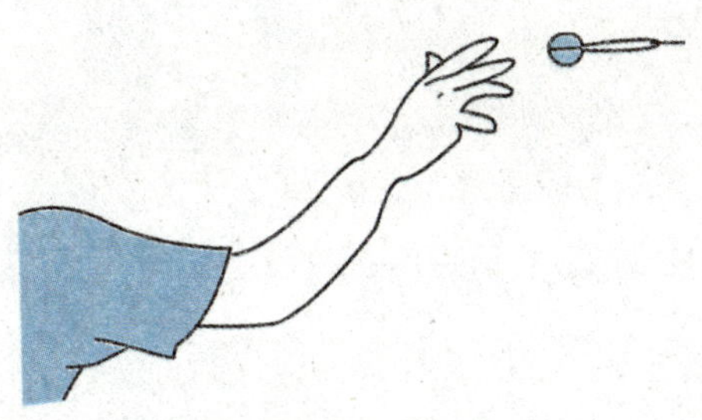

图 8—3—2

三、后续动作

1.动作方法(见图 8—3—3)

当投出飞镖后，手臂直接伸向镖盘。

2.技术要点

一旦飞镖投出，手臂应自然地随之运动，选手要从身体和心理上跟随着飞镖进入镖盘。

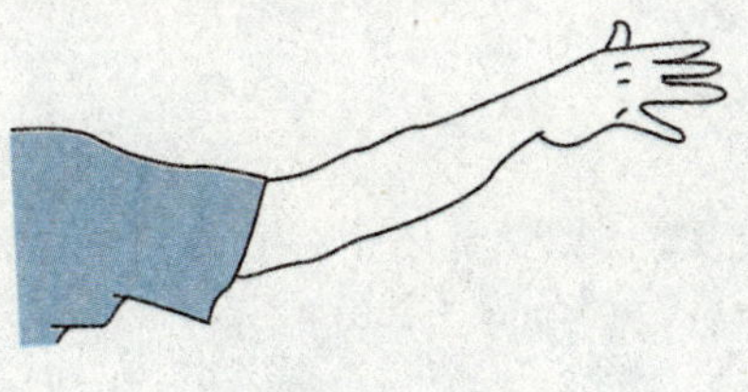

图 8—3—3

第九章　飞镖比赛种类

飞镖比赛种类繁多，本章仅重点介绍其中一些比较流行、深受人们喜爱的项目。

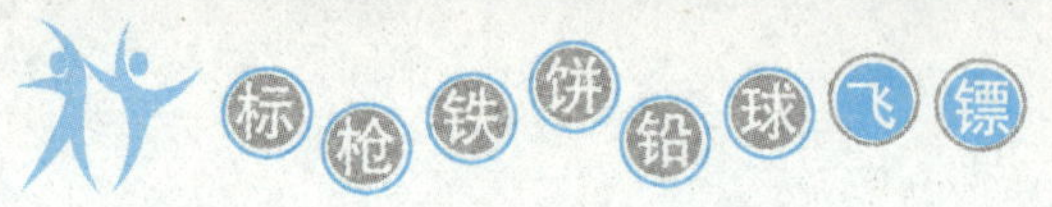

第一节“板球”

“板球”比赛是酒馆和游戏室中最为流行的飞镖游戏，同时也是地方、区域及全国性锦标赛中的标准比赛项目。“板球”玩法注重投掷的准确性和战术，适合于每一个人。

一、参赛人数

两人或两组。

二、使用分数区

20、19、18、17、16、15 和圆心(见图 9-1-1)。

图 9-1-1

三、规则

“板球”玩法的目标是，每一位选手要击中 20～15 这六个分数区中的每一个分数区三次，外加三次击中圆心。目标分数可以以任何顺序击中，但是一般都是按照递减的顺序。选手通过击中目标三次“关闭”一个特定的分数或圆心。关闭一个分数的第一名选手“拥有”那个分数，并且可以得分。先“关闭”所有分数和圆心的选手，同时分数平或领先者获胜。例如，如果一名选手四次击中 20 分区，其中的三个 20(三次)“关闭”该分数，另外一个 20 分则可以成为得分，并记录在记分板上。一旦双方选手关闭同一分数，都不得分。

四、战术

(一)瞄准目标分三倍区

要玩好“板球”，需要能够瞄准目标分的三倍区。由于每一个分数要求击中三次，三倍区是价值最高的，选手应该每一镖都能击中所有的三倍区。因此比赛中漂亮的开局是击中 20、19、18 三个分数的三倍区。一场完美的比赛可以短至 8 镖结束：6 镖三倍(20、19、18、17、16、15)和 2 镖中心圈(击中两个双倍或一个单倍、一个双倍)，这样获得的分数也是最高分。

（二）记分技术

每一局“板球”比赛有两个重要的因素。第一，要获得胜利，选手必须关闭所有的目标分，这样才可以结束比赛，称为无分板球。第二是记分方法，获胜者必须在总分上平或者领先。

在一局比赛中，“板球”的记分也是有战术的，因为选手只有在自己已经关闭，而对手没有关闭的目标分上（一旦双方都关闭了同一分数，不管是任何分数都不能记分）才能得分。这种记分方式使得“板球”更加有趣，并且经常要求每一镖都要作出战术上的选择。

（三）通用技术

每一局“板球”比赛都是不同的，要求不同的策略，但有一些通用的基本策略，需要掌握。

（1）首先投镖会占有相当优势；

（2）在分数落后时，有两种选择，一种是如果可能，开始一个新的轮次，通过投镖直接得分，或者尽力关闭一个分数，然后得分，另一种是首先关闭可能得分的分数；

（3）当分数领先时，尽力关闭分数，特别是那些用来得分的分数，始终保持一定分数的领先，这将迫使对手在一轮中至少其中一镖是为了得分，同时延迟其集中于新的分数区上；

（4）不要获得过多的得分，获得过多的分数通常会使比赛延长；

(5)比赛结束前的分数一定要领先，因为很多比赛以击中圆心的次数多而结束，如果对方的分数区(20～15)都已经关闭，这名选手就必须以多击中圆心来造成分数的差距。

五、记分

(一)记分板

记分板的形状如下，通常分数区预先印刷在标准飞镖记分板上(见图 9-1-2)。

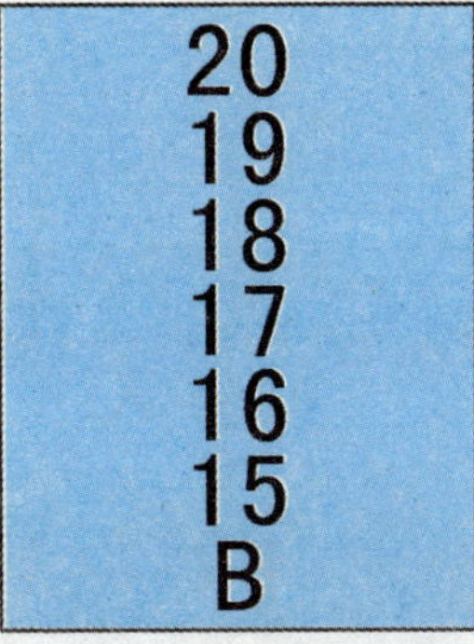

图 9-1-2

(二)图示

标准“板球”游戏的得分列在选手代号下面、分数区的两边。

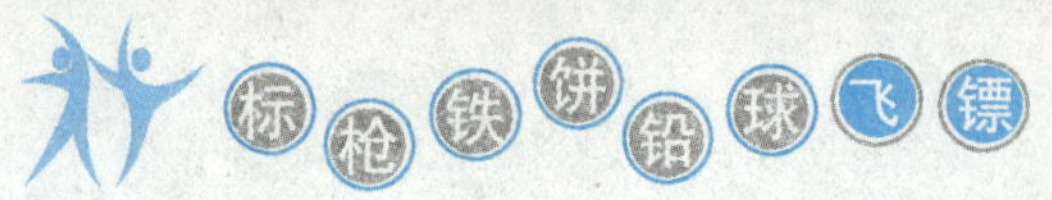

/ = 一次击中

× = 两次击中

○= 三次击中或“关闭”

六、范例

(一)第一轮

选手 A 三次击中 20，20 分被关闭。

选手 B 击中 20 的三倍和两次 19、20 分被关闭(见图 9-1-3)。

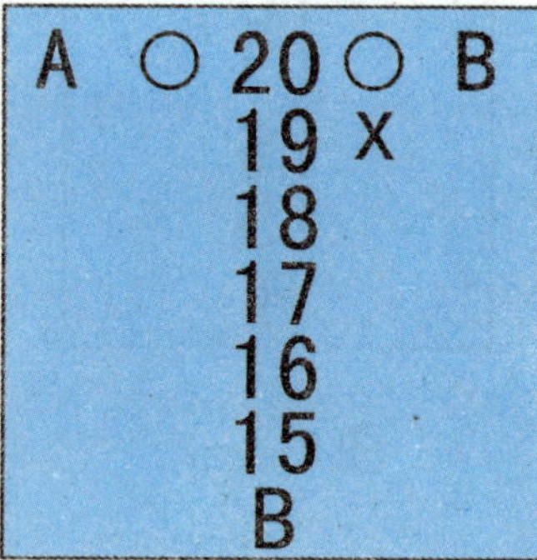

图 9-1-3

(二)第二轮

选手 A 分别击中一次 19、19 的三倍和一次 18，19 分被关闭，获得 19 分。

选手 B 击中 18 的三倍，另一次试图击中 18 未中，一次 19，18 分和 19 分被关闭(见图 9-1-4)。

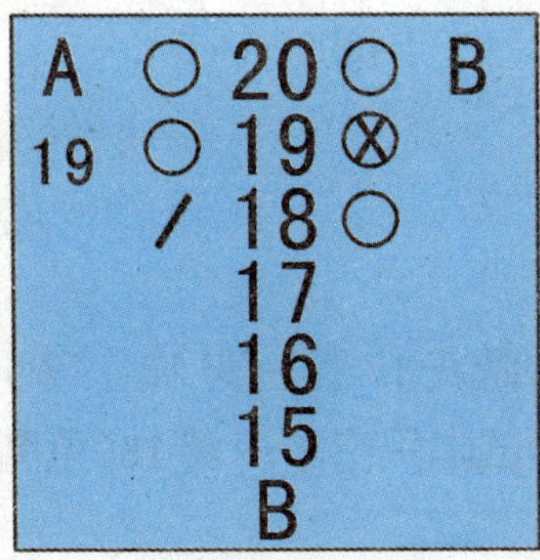

图 9-1-4

(三)第三轮

选手 A 分别击中两次 18 和一次 17，18 分被关闭。

选手 B 分别击中 17 的三倍、一次 17，另一次试图击中 17 未中，17 分被关闭，获得 17 分(见图 9-1-5)。

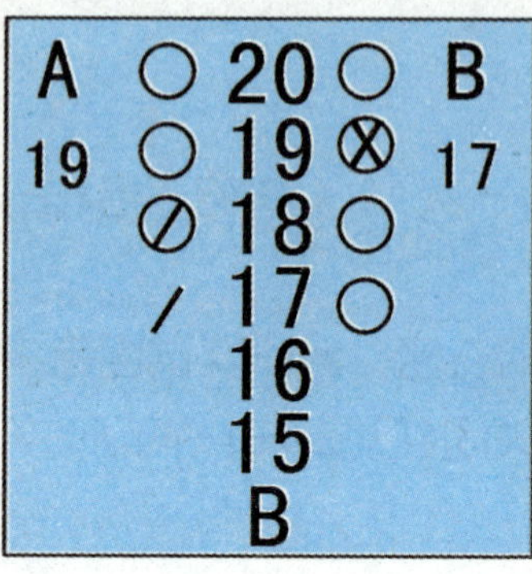

图 9-1-5

(四)第四轮

选手 A 分别击中两次 17 和一次 16，17 分被关闭。

选手 B 在三次尝试中只击中一次 16(见图 9-1-6)。

图 9-1-6

(五)第五轮

选手 A 分别击中两次 16 和一次 15 的三倍，16 分和 15 分被关闭。

选手 B 两次击中圆心，试图关闭圆心并得分(见图 9-1-7)。

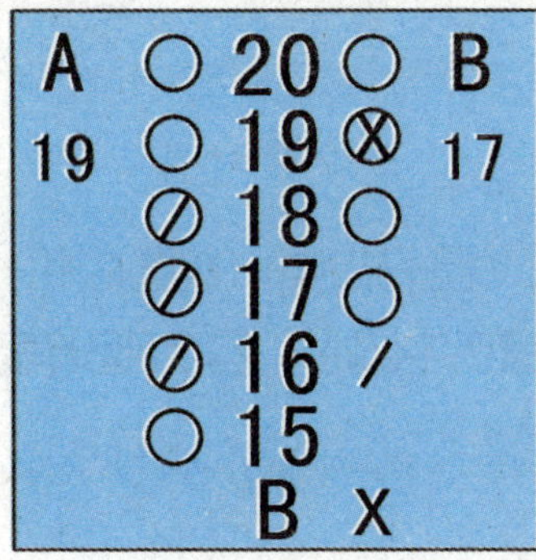

图 9-1-7

(六)第六轮

选手 A 分别击中一次圆心和一次 15(瞄准圆心却击中了 15，称之为“错位”)，获得 15 分。

选手 B 尝试用三镖击中圆心，只击中一次内圆心(红心)，圆心被关闭，获得 25 分(见图 9-1-8)。

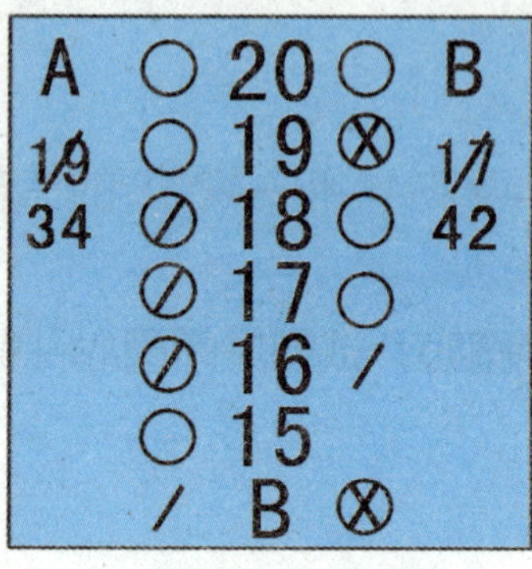

图 9-1-8

(七)第七轮

选手 A 两次尝试，但只击中一次圆心和一次 16，得 16 分。选手 B 尝试用三镖击中圆心，但全部没有击中(见图 9-1-9)。

图 9-1-9

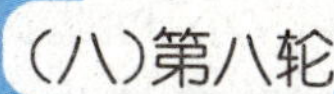

(八)第八轮

选手 A 击中一次圆心，赢得比赛(见图 9-1-10)。

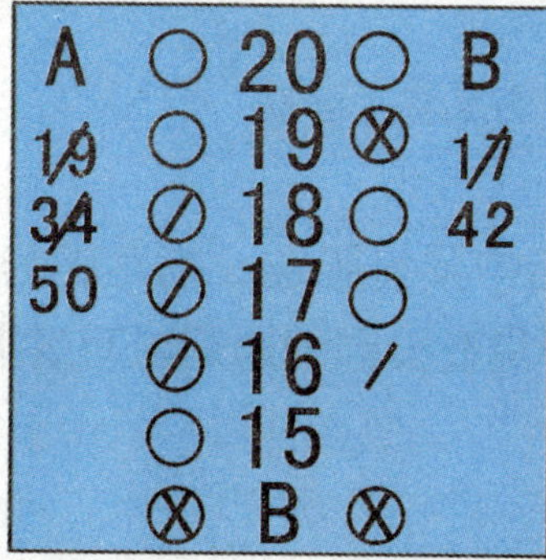

图 9-1-10

七、变种

(一)无分“板球”

只需要以任何顺序去击中从 20～15 每个分数和圆心，不用记分。

(二)延长“板球”

一种比赛时间较长的“板球”游戏，可以记分也可以不记分，增加 14、13、12、11 和 10 几个分数。另一种版本的延长"板球"包括双倍和三倍，要求除了通常的分数外，还要三次击中双倍和三倍(可能还需得分)。这个游戏在英格兰被称为追逐赛，要求选手在击中一个数字的双倍和三倍后，仔细选择分数。

(三)指定"板球"或战术"板球"

所有飞镖必须击中预先瞄准、指定的分数，不能"错位"。为保证诚实，选手经常在投镖前通知对方或指定其试图击中的目标分数。

第二节 01 比赛

301、501 是世界各地最为流行的飞镖项目，正如它的名称一样，是最早的有组织的飞镖赛事，目前已经成为世界各地标准的锦标赛项目，其规则和技术要求较为复杂。

一、参赛人数

人数不限，但是通常为两人或两组。

二、使用分数区

所有分数都可能用到，但是其中的一些可能比另一些用得更多，比如 20 和 19，由于是镖盘上的最高分，作为得分点会更多地被使用。在比赛中，所有的分数都可能被使用，以满足击中必要的双倍区的需要。

三、规则

每位选手比赛开始时都拥有 301 分或 501 分，目标是从 301 分或 501 分开始，累积扣减每一轮的得分，把它变为 0。

在 01 比赛中，记分开始有两种方式，既可以双倍开局，也可以直接开局。双倍开局，即选手击中双倍区任何分数都可以，击中双倍区的镖和接下来的镖可以记分。如果在一轮中没有击中双倍区，在下一轮仍要继续尝试击中双倍区。直接开局，从第一镖开始直接记分。一般地说，301 比赛实行双倍开局，501 比赛通常实行直接开局。

要赢得 01 比赛，选手必须用最后一镖击中一个双倍，使分数变为 0，也称为双倍结束。例如，剩下 16 分，选手必须击中 8 的双倍才能赢得比赛；剩下 8 分，选手必须击中 4 的双倍，依此类推。比赛中允许剩下的最低分数是 2 分，意味着必须击中 1 的双倍才能赢得比赛。任何一轮剩下的分数低于 2 分都是无效的——该选手“爆镖”，仍然保持此前剩下的分数。

四、战术

01 比赛没有特殊的战术，它是一种要求准确性和连续投掷的比赛，但是在所有 01 比赛中，都有三个重要因素，以形成最好的分数组合结束，从而最终赢得比赛。

(一)击中双倍

在双倍开局的比赛中，好的战术是目标集中于镖盘的右侧或左侧，从而增加击中双倍区和临近的双倍区的可能性。例如，瞄准镖盘的左侧 11 分的双倍，选手也就可能幸运地“错位”，进入 14 或 8 的双倍。镖盘右侧的 13、6 和 10 也是一样(见图 9-2-1)。

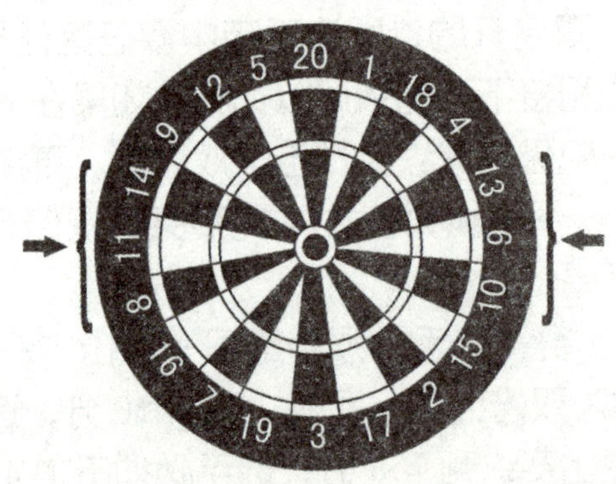

图 9-2-1

(二)得分策略

选手多集中于镖盘上的高分数，既可以是 20，也可以是 19。在一轮三镖中，最高的分数是 180 分：三个 20 的三倍。表述最高分的常用行话是一吨(100 分)、一吨零二十(120 分)、一吨零四十(140 分)、一吨零八十(180 分)。

双倍结束的最好策略是选择下面的双倍：20、16、12、8、

4、2、1。与能否击中双倍来赢得比赛同样重要的是了解最佳结束表。例如，一位选手剩下 154 分，能够用三镖赢得比赛吗？答案是肯定的。完美无缺的三镖组合应该是 20 的三倍(60 分)、18 的三倍(54 分)，然后剩下了 40 分，一个 20 的双倍即可。

成功地结束 01 比赛的关键是熟悉结束表到自动化的程度，能够从射失的一镖中迅速恢复过来，重新制定分数组合。

(三)熟悉镖盘及分数计算

很多选手由于不熟悉镖盘和结束比赛的必要基础算术知识，而比赛失败。因此练习飞镖，必须进行大量的基础算术练习，或者依赖于结束表，这个结束表告诉选手对于特殊的分数用两镖或三镖结束的推荐组合(见图 9-2-2)。

最经常推荐使用的双倍结束分数

图 9-2-2

五、记分

在 01 比赛中，一旦选手直接开局或者在双倍开局中击中双倍，记分即开始。击中的双倍分数和接下来所有投镖的分数累积起来，从 301 分或 501 分中开始扣减。

某一轮结束，把分数记录在记分板上。了解镖盘所有得分的可能性是非常重要的。随着比赛得分的进展，这会有较大的帮助。

01 比赛的记分板在上方注明选手的名称，在其下面记录每一轮的得分和剩余的分数。

六、范例(301 双倍开局)

(一)第一轮

选手 A 射失了第一镖，然后击中 16 的双倍和 20 分，得 52 分。

选手 B 三镖均未击中双倍区，没有得分。

(二)第二轮

选手 A 分别击中 20、20、5 的三倍，得 55 分。

选手 B 在第三镖击中 11 的双倍区，得 22 分。

(三)第三轮

选手 A 分别击中 20 的三倍、20、5，得 85 分。

选手 B 三镖均击中 20，得 60 分。

(四)第四轮

选手 A 三次击中 20，得 60 分。

选手 B 三镖分别击中 20、5、1，得分 26 分。

(五)第五轮

选手 A 剩下 49 分，分别击中 9、20 的双倍，比赛获胜(见图 9-2-3)。

A		B	
得 分	剩余分	剩余分	得 分
	301	301	
52	249	279	22
55	194	219	60
85	109	193	26
60	49		

图 9-2-3

七、阅读结束表

结束表是完成 01 比赛的建议表。大多数选手并不是在所有的时间里都遵循结束表，也有许多其他的结束方式。但是，大多数结束表是根据一定的基本规则制定的。

在试图两镖或三镖结束比赛时，第一镖绝不选择可能偶然爆镖的目标分数。例如，要完成剩下 52 分的比赛，20、16 的双倍(20+32)是通常的选择。但是，这样的组合是不被推荐使用的，因为如果第一镖偶然爆镖，进入了 20 的三倍(60 分)，这一轮就结束了。因此，对于 52 分，大多数结束表推荐 12 和 20 的双倍组合。

两镖或三镖结束，结束表的顺序通常提供了安全的选择，这就是分数 20、16、12、8、4 是最经常推荐结束比赛的原因。如果没有击中双倍而只击中本分，选手还有另一次机会用一镖结束比赛。例如，剩下 32 分，选手瞄准 16 的双倍，但击中了 16 分。现在剩下了 16 分，可以继续尝试 8 的双倍。如果击中了 8 分，还可以选择 4 的双倍，依此类推。假如不是这样，剩下的数就是奇数。如果一名选手试图击中 19 的双倍结束比赛，但击中了 19 分，那样将剩下 19 分，就需要两镖才能结束比赛。

八、变种

(一) 101 比赛

这是 01 比赛的简洁快速版本，比赛和 301 或 501 完全一样，可以直接开局或者双倍开局。101 比赛可以用精准的三镖赢得比赛：双倍开局，20 的双倍、15 的三倍、8 的双倍。直接开局，19 的三倍、12、16 的双倍。这是练习低于 100 分时结束比赛的一个很好的顺序，其他 01 比赛也适用同样的规则。

（二）01 死亡法

尽管这一方法不适用于锦标赛，但它具有非常规性、趣味性、挑战性的特点，此种方式能快速结束比赛，即允许选手不击中双倍而获胜。但是当考虑这种方式时，由于没有击中双倍区内分数，所以也有失去整轮得分的可能性，这就加大了比赛结果的不确定性。

（三）111 比赛

如果对手允许，选手可用一个 1 的三倍赢得比赛。如果 1 的三倍未中，这一轮就结束了，也没有得分。

（四）222 和 333 比赛

如果对手允许，选手可用一个 2 或 3 的三倍赢得比赛。如果 2 和 3 的三倍未中，这一轮就结束了，也没有得分。

（五）“上海”

一个“上海”就是用一轮中的三镖，分别击中同一分数的三

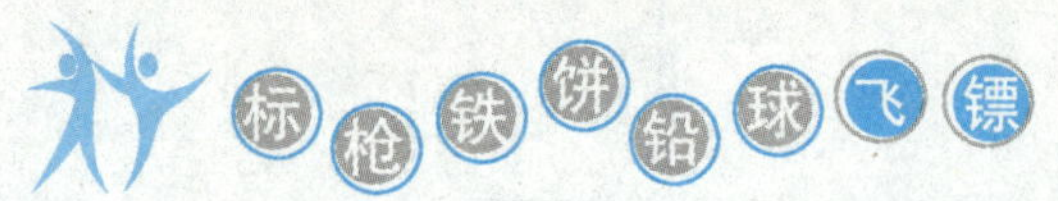

倍、双倍和单倍。在 01 比赛中极少使用它作为赢得比赛的手段，除非选手们同意。如果“上海”没有击中，这一轮就结束了，也没有得分。此种方法将在后面具体介绍。

第三节“杀手”

“杀手”，正如名字所示，是一个激烈的富有竞争性的飞镖项目，它的基础是击中双倍，同时包括一些精细的战术。

一、参赛人数

人数不限，但是三人以上参加，游戏会更加有趣。

二、使用分数区

使用分数区取决于选手。每一名选手用他的“另一只手”投一镖(如右手选手用左手投镖)，以此随机决定他的分数区。每名选手必须拥有不同的分数区。如果一位选手没有击中镖盘，或者击中的分数区已经为别人占有了，他要重新投掷。

三、规则

三名以上选手参加比赛，可以以任意方式选择开局的顺序：通过找圆心、“闪电法”、根据选手姓名的字母顺序等方法开局。

每一名选手第一镖都要尽力击中自己分数的双倍区。当这一步实现之后，选手就成为“杀手”，在记分板上他的名字旁边记上K字。成为“杀手”以后，选手就可以瞄准对手分数的双倍区。每名选手有三条“命”，当“杀手”击中了某名选手分数的双倍区，这名选手就丢了一条“命”。如果“杀手”错误地击中自己分数的双倍区，他自己将失去一条“命”。因此，在一轮三镖中，通过投出三个双倍杀死对手是有可能的。

比赛进行到只剩下一名选手还有“命”为止。

四、战术

尽管准确性是比赛的关键，但是尽可能快地成为“杀手”(完美的第一镖)是在“杀手”比赛中最重要的一击。在双倍上精准的选手往往可以获得更多的机会去击中对手的分数区，从而轻而易举地获胜。

多名选手竞争会使得“杀手”成为特别残酷的比赛，特别是当两名或更多的选手成为“杀手”，瞄准同一名对手时(称为“结帮”)，最好的策略是，小心地跟紧对手，仔细地瞄准，特别是双倍分数区相邻时。

五、记分

将选手的代号、比赛的顺序竖向排列在记分板上，旁边画三条斜杠，表示三条“命”。选手拥有的自己的分数区记录在代号

的旁边。当选手成为“杀手”后，在他的代号旁记上K字。当自己的双倍区被“杀手”击中后，在记分板上擦掉一条“命”(见图9-3-1)。

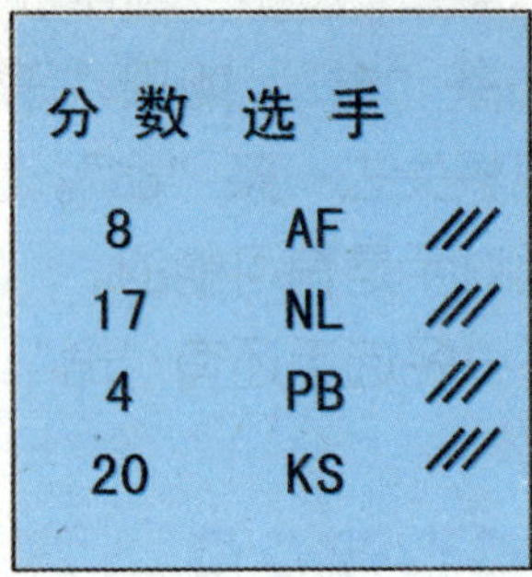

分数	选手	
8	AF	///
17	NL	///
4	PB	///
20	KS	///

图 9-3-1

六、变种

(一)三倍“杀手”

规则与常规“杀手”一样， 只是由击中双倍改为击中三倍，这一变种是巩固练习投掷三倍区。

(二)“杀手”——直接结束

在决定比赛分数区后，每一名选手不用首先击中自己的双倍区，就可以直接成为“杀手”。

（三）“杀手”—— 别投自己的分数区

如果一名选手在成为“杀手”之后，偶然击中自己的双倍区，该选手不仅丢掉一条“命”，而且失去了“杀手”身份。他必须再次击中自己的双倍区，才能再次成为“杀手”。

第四节 “上海”

“上海”是一个紧张、激烈的飞镖项目，对三倍区和双倍区的准确性要求较高。

一、参赛人数

人数不限，经常人比较多时玩。

二、使用分数区

使用分数区包括 1、2、3、4、5、6、7（见图 9-4-1）。

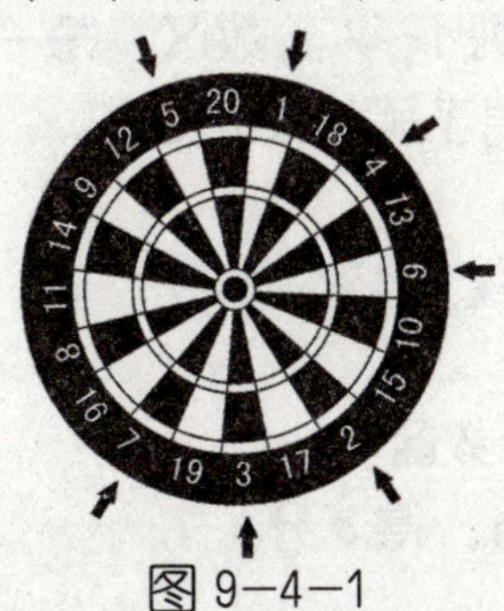

图 9-4-1

三、规则

选手轮换投镖，从 1、2……直至 7 分数区，每一轮投三镖，尽可能多地得分。比赛中只有击中分数区才记分，分数就是镖盘上的数值。例如，三个 1 相当于 3 分，三个 7 相当于 21 分。随着比赛进展和分数加大，比赛会发生戏剧性的变化。

有两种方式赢得比赛：比对手获得更多的分数，或者获得一个“上海”，从而自动赢得比赛。任何选手都可能在一轮三镖中通过击中一个分数区的三倍、双倍和单倍(即“上海”)，顺利赢得比赛。

四、战术

如果想击出“上海”而赢得比赛，三倍区是瞄准的最佳分数区，因为得分最多，但是它又是难度最大的目标。

五、记分

“上海”比赛的记分板是一种简单的记分格，在上方标明选手的代号，左边竖向排列 1～7 分数区，每一轮之后记录下累积的得分，这样选手很容易了解分数的变化。

六、范例

1.第一轮——1 分数区

选手 A 击中三次 1，得 3 分。

选手 B 击中一次 1 的三倍区和一次 1(另一镖没有击中 1),得 4 分。

选手 C 没有击中 1,没有得分。

2.第二轮——2 分数区

选手 A 没有击中 2,没有得分。

选手 B 击中两次 2,得 4 分。

选手 C 击中一次 2 的三倍和两次 2,得 10 分(见图 9-4-2)。

	A	B	C
1	3	4	
2	3	8	10
3			
4			
5			
6			
7			

图 9-4-2

七、变种

(一)击中特殊分数出局

在有的比赛中,没有击中一个特殊的分数,选手就自动输掉了。这个分数通常是 3、5,或者比赛中的最后一个分数(一般是

7)，在比赛开始前确定。因此，如果选手没有击中特殊分局，将自动出局。由于有三名以上的选手，比赛仍可继续，直到有人获胜。

（二）双倍或三倍结束

这些玩法规定，不能以单倍结束。由于实行这样的规则，要击出“上海”，必须把击中双倍或三倍区作为最后一镖，才能赢得比赛。

（三）不同的分数

有时候偶然选择目标分数，替代上述规则中所说的 1～7，还有些时候用 9 个分数而不是 7 个(1～9，或者其他随机选择分数)。

第五节“棒球”

“棒球”项目要求对一系列分数的投掷准确无误，规则类似于“上海”。

一、参赛人数

人数不限，但两人或两组人更常见(像棒球比赛一样)。

 二、使用分数区 

使用分数区包括 1、2、3、4、5、6、7、8、9（见图 9-5-1）。

图 9-5-1

 三、规则 

按照顺序，选手轮换投掷 1～9 分数区，就像棒球比赛的九次击球，每一次“击球”，得到“跑”的次数。只有击中比赛使用的分数才能记分，双倍和三倍区包括在内，但是该分数的数值并不计算。例如，击中从 1～9 中的任何一个分数，得分都只有一个“跑”（一个双倍算两个“跑”，一个三倍算三个“跑”）。因此，一个完美的轮次或击球是九个“跑”（三个三倍）。

在九次“击球”之后，得到“跑”最多的选手为胜者。在平局的情况下，选手可能会加赛一次。由于每名选手轮次相同（就像在真正的棒球比赛中，每个队击球次数相同），如果必要，继续击中 10 分数区及 10 以上，直到某一选手获胜为止。

四、战术

三倍是每一个分数瞄准的最佳区域，因为它是一镖可能获得的最高得分（三个“跑”）。但是，选手不应该尽力瞄准三倍区，应瞄准该分数的单倍区，每一次平均得到两个或更多的“跑”，将较易赢得比赛。

五、记分

记分板上方标明选手的代号，左边竖向排列 1～9 分数区，每一轮之后记录下累积的得分。

六、范例

1. 第一轮——1 分数区

选手 A 三镖投向 1，仅击中一次，得 1 分。

选手 B 击中一次 1 的三倍，得 3 分。

2. 第二轮——2 分数区

选手 A 没有击中 2，没有得分。

选手 B 击中两次 2，得 2 分（见图 9-5-2）。

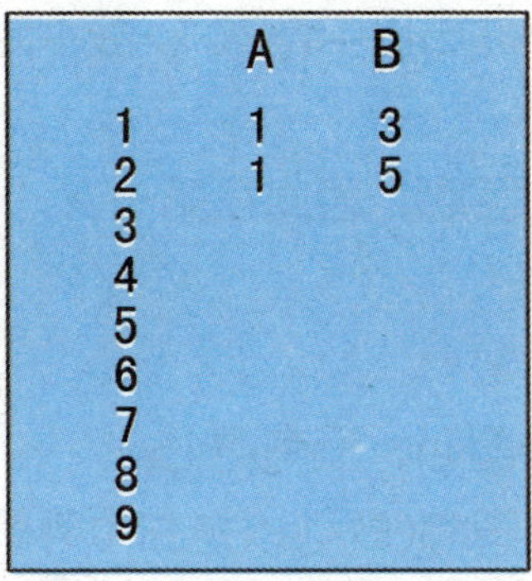

	A	B
1	1	3
2	1	5
3		
4		
5		
6		
7		
8		
9		

图 9-5-2

七、变种——投掷“棒球”

(一)规则

在投掷“棒球”中，选手“投掷”，即是投向圆心。选手每一轮三镖投向圆心(取下飞镖，记录下击中圆心的次数)，然后向“击球”分数1~9再投三镖。选手得到“跑”的次数乘以击中圆心的次数。例如，一名选手击中两次圆心，“击球”分数乘以2。如果没有击中圆心，该选手不可能“击球”，分数为0。一个完美的投掷“击球”是六个圆心——三个内圆心。

(二)范例

1.第一轮

选手A击中两次圆心(既可以是两个外圆心，也可以是一个内圆心)，取出飞镖，然后击中两次 1，得 4 分(击中圆心的次数乘以“跑”的次数)。

选手 B 没有击中圆心，因此在第一次“击球”不能投掷，得 0 分。

2.第二轮

选手 A 没有击中圆心，没有得分。

选手 B 击中三次圆心(既可以是三个外圆心，也可以是一个内圆心和一个外圆心)，然后击中一次 2，得 3 分(三个圆心乘以一个“跑”)(见图 9-5-3)。

	A	B
1	4	0
2	4	3
3		
4		
5		
6		
7		
8		
9		

图 9-5-3

第六节 比高分

比高分是一个相对简单的飞镖项目，对于参加 01 比赛的选

手，这也是一个很好的练习项目。

一、参赛人数

人数不限。

二、使用分数区

镖盘上所有的分数区都要用到，但选手一般集中于 20 或 19，因为这些是镖盘上的最高分数区。

三、规则

在决定比赛的顺序之后，第一名选手尝试获得尽可能多的分数，并在记分板上记录下来。每一名选手开局时有三条线，下一位选手必须超过上一位选手的分数，否则失去一条线。没有赶上前面刚投镖选手的分数，则每一次失去一条线。

每一轮之后，在记分板上作出记录。最后的胜者就是剩下线的最后一名选手。

四、战术

赢得比赛要瞄准镖盘上的高分数。

五、记分

选手的代号、比赛的顺序竖向排列在记分板上，旁边画三条

斜杠，表示三条线。选手每失去一条线，擦去一条斜杠(见图9-6-1)。

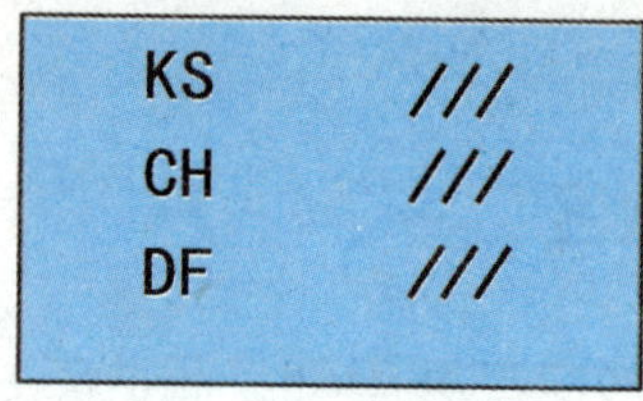

图 9-6-1

六、范例

选手 A 三镖分别击中 20 的双倍、1，另一镖没有击中，得 41 分。

选手 B 三镖分别击中 20、1 和 5，得 26 分，选手 B 失去一条线。

选手 A(如果只有两名选手比赛)或选手 C(如果三名以上选手比赛)必须超过 26 分，否则也失去一条线。

七、变种

(一)比低分

与比高分规则相同，只是选手尝试尽可能低的分数，前面的分数必须被更低的分数击败。这个变种与常规比高分一样要求准确性，因为镖盘上的低分被高分数包围着：1 分处于 20 分 和 18 分之间，2 分处于 17 分和 15 分之间，3 分处于 19 分和 17 分之间。

(二)比高分——平则 OK

有些比赛在分数持平的情况下，一名选手的分数等于但没有超过前面选手的分数，则不失去任何线。

(三)比高分——多于三条线

尽管比高分每一名选手通常只有三条线，但是要进行长一些时间的比赛，选手有四条线、五条线或者更多，也是可以的。

第七节 “515”

“515” 是实际掌握起来较难的飞镖项目，要取得比赛成功，需要相当的准确性。

一、参赛人数

人数不限。

二、使用分数区

镖盘上所有的分数区都可能用到，但是每一轮三镖的得分必须可以被 5 整除。因此最常用的目标是那些可以被 5 整除的分数：20、15、10 和 5(见图 9—7—1)。

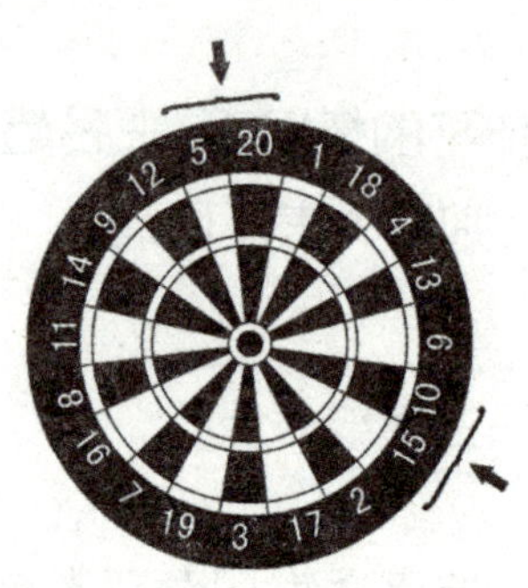

图 9—7—1

三、规则

每一轮的总分必须可以被 5 整除，然后算出得分。例如，如果一名选手一轮的得分是 20 分，得分就是 4(20÷5=4)。每一轮的最后一镖必须击中分数区，否则整轮无效。任何一轮得分不能被 5 整除，则不得分。例如，如果一名选手分别击中 20、20 和 1，那么总分是 41 分，则不得分，因为 41 分不能被 5 整除。

比赛的目标是准确地获得 51 个 5，并且在最后一轮中三镖要全部得分。例如，已经获得了 47 分(47 个 5)，接下来的三镖总分必须等于 20 分(或 4 个 5)，才能赢得比赛(47+4=51)。如果一名选手得到了太多的 5，则“爆镖”了，这一轮就结束，得分仍然保持原来的分数。

四、战术

最好的策略是掌握镖盘上最佳得分的可能性。镖盘上两个位置蕴藏着投出总分被 5 整除的最佳机会：5～20 和 15～10。在这些区域准确投中，将会很快取得一个高分数。射失这些区域，意味着要去击中其他的分数，来获得可以被 5 整除的最后一轮的得分。要冒险的话，外圆心和内圆心也可以被 5 整除(分别为 25 和 50 分)，但是难度较大。

选手一般尽量避免达到 49 个或 50 个 5 的得分。因为在这些情况下，最后一轮的三镖必须都投出，选手三镖的总分必须是 10 分或 5 分，才能赢得比赛，这样难度会很大。例如，一名选手已经获得 49 分，必须再投出 10 分，即两个 5(比如组合为 6、2、2 或 7、2、1)。用三镖赢得这 5 分显然很困难，并容易造成混乱(如 2、2、1 或 1、1、3)。

五、记分

每一名选手按获得多少个 5 记分，每一轮的得分记录在记分板上他的代号旁边。

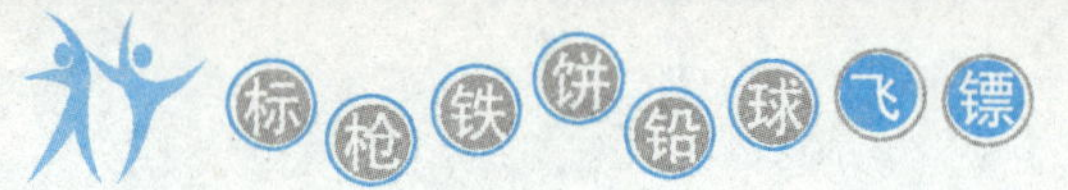

六、范例

由于参赛人数不同，“515”比赛可以很快，也可能持续10轮或更多。一场完美的比赛只需要两轮六镖，但要记住，最后一轮三镖必须全部投出，并得分。下面是这种特殊比赛的几种变化（T= 三倍，S= 单倍）。

第一轮：T20、T20、T20(180分=36个5)。

第二轮：T20、S10、S5(75分=15个5)。

或者

第一轮：T15、T15、T15(135分=27个5)。

第二轮：T15、T20、T5(120分=24个5)。

七、变种——“555”

在这个常用的变种中，与“515”比赛适用同样的规则，但是5的总数必须是55个。与此相似，一个时间短一点的比赛，选手也可以选择略低一点的分数。

第十章 飞镖比赛规则

由于飞镖有不同的玩法，因此也有不同的比赛规则，这里仅介绍飞镖比赛的比赛通则。

第一节 程序

飞镖运动是一项极具经济性和娱乐性的体育项目，其动作要求具有一定的危险性，因此组织、开展工作都很严格，具有自身的一套规范程序。

一、参赛办法

参加飞镖比赛，选手要先进行报名，报名后通过资格审查才能有机会参加。

二、比赛方法

(一)比赛局数

(1)预赛：5 局 3 胜制；

(2)复赛：5 局 3 胜制；

(3)1/8 决赛：7 局 4 胜制；

(4)1／4 决赛：7 局 4 胜制；

(5)半决赛：9 局 5 胜制；

(6)三、四名决赛：9 局 5 胜制；

(7)一、二名决赛：11 局 6 胜制。

(二)比赛性质

1.循环赛

包括单循环或双循环主客场赛。

2.淘汰赛

在锦标赛和联赛总决赛中使用。

3.团体赛

包括 6 局单人赛和 3 局双人赛。

三、赛前练习

(1)每场比赛争先之前，参赛选手允许在其专用比赛场地上练习 9 镖，时间不得超过 5 分钟；

(2)没有裁判员允许，任何人严禁在比赛专用场地内练习，只允许在指定练习场地练习。

第二节 裁判

飞镖比赛有严密的组织工作和严格的评分标准。选手只有对评分标准了然于胸，才能在比赛中游刃有余、发挥自如。

一、裁判员

裁判员由以下人员组成：

(1)裁判长 1 人，副裁判长 2～3 人；

(2)临场裁判员 2×N 人，后备裁判员 4～6 人；

(3)记录长 1 人，记录员 2～3 人；

(4)检录长 1 人，检录员 4～6 人；

(5)宣告员 2 人，医务人员 2 人。

二、规则

(一)投镖

(1)比赛时每一轮投 3 镖，选手必须在不借助其他任何设备的情况下，用手投掷飞镖；

(2)选手在投镖过程中，两脚严禁同时离地，如两脚同时离地，则为犯规，此镖不记分数；

(3)选手在每轮投镖过程中，两脚不能以任何方式踩踏或超越投镖线，如踩踏投镖线，此镖不记分数，不得重投，如超越投镖线，则表示此轮未投出的镖为弃权镖，不得再投，只记录已投出有效镖的所得分数；

(4)在投镖动作开始后，投镖手所持飞镖尾翼与眉平行，并超过肩部时，即为投镖开始，在此时间以后，飞镖无论以任何形式脱离投镖手，即为投出，此镖不得重投；

(5)飞镖被镖盘弹回，坠落地面时，此镖不得重投，不记分数；

(6)双人、团体比赛时，选手的投镖顺序必须按照比赛表格上所排列的顺序投镖。

(二)争先(团体、双人赛时均以一人为代表)

双方选手在练镖后开始争先，争先是以争红心的方法进行，胜者在第一局，以及其后该场比赛中所有奇数局均首先开始投镖；另一方在第二局及其后的偶数局首先开始投镖。双方选手以投硬币或其他抽签方法决定由哪一方先投红心。双方选手在各投一镖后，由裁判员决定哪一方的镖距离红心近，距离红心近者为胜方。

三、记分

飞镖比赛的得分是通过镖针附着在镖盘表面，且在双倍区外圈金属线环绕的分区内所得分数来确定。

(1)当裁判员宣布得分时，在镖盘有效分值区内的得分有效；

(2)选手投镖后，必须等裁判员宣布并记录得分后才能将镖拔下，在宣布和记录得分后，飞镖应由投掷者收回，投掷者通过此行为表示承认所宣布和记录的分数；

(3)任何一方对得分有异议时，必须在拔镖前提出，否则无效；

(4)记分员应按照剩余分数减去得分的方法，再次计算剩余分；

(5)选手的得分记录必须明显地写在记分板上，记分板在选手和裁判员前方与眼睛水平的位置；

(6)任何一方请求复查自己或对方上一轮剩余分数记录，必须在自己或对方下一轮的剩余分数还未被记录前提出，如发现上一轮剩余分数记录有误，可要求裁判员进行更改，如自己或对方下一轮的剩余分数已被记录，再发现上一轮剩余分数记录有误，则上一轮剩余分数记录不得更改；

(7)在比赛过程中，记分员以及在场其他人员，不能提示选手投镖所得分数或剩余分数，同时不能提示选手所剩分数是多少分的双倍区；

(8)在比赛过程中，选手可以要求裁判员告知本人所投中的单镖得分数，或每轮投镖前的剩余分数，如果裁判员告知的单镖得分数或每轮投镖前的剩余分数有误，而选手结束了错误的剩余分数，则该选手可将这一结果认为是正确结果或要求重新投一次；

(9)任何选手以在该盘先投中结束所需的双倍区，并使其分数减为 0 者为胜方。